한국적인 것은 없다

한국적인 것은 없다

국뽕 시대를 넘어서

탁석산 지음

머리말

솔제니친은 1970년 노벨 문학상을 받았으나 4년 후 소련에서 추방되었다. 그는 미국으로 옮겨 갔고 20년이 지난 후에야 고국으로 돌아갈 수 있었다. 그가 강제 추방될 당시 『타임』지는 〈정신적 거세〉라는 제목의 기사를 냈었다. 나는 당시 고등학생이었는데 이 기사를 이해하지 못했다. 물론 영어가 짧은 탓이 컸지만 왜 공산 국가에서 추방되는 일이 나쁜 일인지를 도저히 이해하기 어려웠던 탓도 있었다. 그는 조국의 강제 수용소를 소재로 소설을 썼는데 나는 그가 자유가 있는 미국으로 가게 되었으니 개인적으로는 다행이 아닌가 하는 생각을 했다. 소설이야 미국에서도 쓸 수 있는 게 아닌가. 그동안의 경험과 솜씨는 없어지는 것이 아니니 미국에서도 얼마든지 훌륭한, 아니 더 뛰어난 소설을 쓸 수 있지 않을까 기대했었다. 하지만 그는 미국에서는 인상적인 작품을 내놓지 못했다. 자신의 고향과 비슷한 환경이라는 버몬트주 산속에서 지냈지만 그는 끝내 원래의 모습으로 돌아가지 못했다. 고통스럽지만 그래도 자신이 태어나서 자라 온 땅에서 벗어날 수 없었던 것이다. 즉 강제 추방은 그에게 정신적 거세였다. 비록 몸은 자유롭게 되었지만 정신은 거세당해 자신을 잃어버린 것이다.

그는 아마도 조국에 대한 애정에서 소련을 비판했을 것이다. 물론 비판을 위한 비판은 아니었다. 그런 비판으로 얻을 것은 아무것도 없기 때문이다. 공기와도 같은 조국의 땅을 떠나서는 자신이 아무것도 아니라는 것을 그도 알고 있었을 것이고 당국도 알고 있었을 것이다. 작가가 조국에서 추방되면 정신적 사망에 이를 것이라는 점을 당국도 알고 있었다는 사실에 주목할 필요가 있다. 그들은 작가가 무엇으로 먹고사는지 알았던 것이다. 그것은 바로 조국이다. 조국의 모든 것, 흙, 바람, 길거리, 사람들, 조국에 있는 모든 것이 바로 그것이다.

나는 이 책에서 한국 문화에 대해 비판적인 입장을 숨기지 않고 있다. 한국 문화에도 좋은 점이 많이 있는데 굳이 약점을 들춰서 까발리고 따지는 것이 불쾌감을 줄 수도 있을 것이다. 하지만 좋은 면을 널리 알리는 일은 지금도 너무 많은 사람들이 하고 있지 않은가. 나는 물론 솔제니친만큼 자신의 조국을 사랑하지도 않으며 그만큼 신랄하고 깊이 있게 조국을 비판하지는 못하지만 내가 살아왔고 살고 있는 이곳에 대한 애정은 갖고 있다. 나는 단지 내가 발붙이고 사는 이곳이 좀 더 편안하고 풍요로워지길 원하기에 제안을 하려는 것뿐이다.

제안은 단순하다. 문화에서 수출보다는 수입이 관건이라는 것이다. 우리는 한국 문화 수출에 대단히 자랑스러워한다. 물론 우리 문화가 세계에 널리 알려지고 사랑받는다는 것은 기쁘다. 중남미에서 케이팝 경연 대회가 자발적으로 열리고, 사우디아라비아에서도 BTS가 성황리에 공연을 하고 미국과 유럽에서도 인기가 매우 높다. 자랑스럽지 않은가. 그리하여 이런 열기의 원인을 분석하기도 하고 한국적인 것을 찾으려고도 한다. 나는 이런 열기를 긍정적으로 본다. 하지만 강조하고자 하는 바는 문화 수출은 별로 힘들이지 않고도 이루어진다는 것이다.

우리가 케이팝이나 BTS를 세계에 띄우기 위해 온갖 노력을 기울이는 것은 아니다. 자동차나 스마트폰을 팔기 위한 노력과는 비교도 되지 않을 것이다. 보통은 외국인이 듣고 좋으면 스스로 즐기고 전파한다. 누가 강요하거나 광고한다고 되는 일이 아니다. 김치를 먹으라고 아무리 광고해도 소용이 없다. 한국 드라마가 재미있으면 수입하러 제 발로 찾아온다. 국력이 커지면 배우지 말라고 해도 한국어를 배운다. 문화 수출은 자연스럽다. 하지만 문화는 물과 같이 높은 데서 낮은 데로 흐른다는 말은 수출에만 해당된다.

문익점이 목화씨를 붓두껍에 숨겨 고려로 들여와 우리의 의생활이 바뀌게 되었다는 이야기는 어렸을 때 교과서에 배웠다. 그가 이렇게 어렵게 목화씨를 들여온 것으로 보아 좋은 것을 들여오는 것은 쉽지 않다는 것을 알 수 있다. 물처럼 자연스럽게 흐르는 것이 문화라면 문익점이 마음 졸이며 국경을 넘지는 않았을 것이다. 옛날에는 선진 문물을 배우기 위해 많은 사람들이 중국으로 향했다. 근대에는 일본으로 미국으로 그리고 유럽으로 아주 많은 사람들이 유학을 갔다. 유학생의 고된 생활은 새삼 말할 필요가 없을 것이다. 메이저리그의 높은 수준을 맛보기 위해 애를 써서 미국에 가려 하고, 리듬체조를 배우기 위해 러시아로 고생을 감수하고 간다. 높은 수준의 문화를 우리 것으로 만들기 위해서는 우선 배워야 한다. 배우는 것은 수입의 한 창구이다. 직접 한국으로 초대해 수준 높은 공연을 볼 수도 있고 함께 작업을 하면서 배울 수도 있다. 어느 경우든 피땀 없이 문화를 수입할 수는 없다.

우리는 문화 수입에서 결벽증을 보이는 경우가 종종 있다. 우리 고유의 것을 지나치게 강조하는 국뽕 현상이 여기에 속할 것이다. 외국 문화를 배척하는 움직임이 있다는 것이다. 그러나 문화 수입 없이 문화 발전은 없다. 독자적인 문화는 존재하지 않기 때문이다. 문화는 교류 속에서 즉 수입과 수출 속에서 싹트고 융성한다. 어떤 문화도 실제로 다른 문화의 영향 없이 생겨나지도 발전하지도 않는다. 오히려 그 반대이다. 따라서 수입과 수출은 무역과 마찬가지로 활발할수록 바람직한데 우리의 경우 유독 독자성을 강조하면서 외국 특히 일본을 배척하려 한다. 일본에서 온 것을 찾아내서 없애려 한다. 이는 물론 문화 발전의 한 단계로 볼 수도 있다. 하지만 문화에는 국적이 없다는 말을 상기할 필요가 있다. 어떤 문화든 들어와 백 년 정도 지나면 그 나라 문화라고 해야 한다는 것이다.

사실 일본에서 온 말을 따져 보면 간단치가 않다. 지금 여기에 등장한 문화, 수입, 수출 모두 일본이 메이지 유신 때 만든 말이다. 거기에 그치지 않는다. 영향, 역사, 행복, 과학, 국민성, 국수주의, 독자 모두 일본에서 건너

온 말이다. 그렇다면 이런 말들을 당장 제거해야 하는가? 왕궁에 벚꽃을 용납할 수 없어 모두 우리 토종 나무로 바꾼다거나 혹은 교가(校歌)에 남아 있는 일본의 잔재를 없앤다고 하는데, 이런 말들은 어떻게 처리해야 하는가? 나는 문화를 수입하는 힘이 없는 나라는 미래가 없다고 여긴다.

사람들은 여전히 한국적인 것을 찾고 말하고 있다. 나는 한국적인 것이 과연 있는지에 대해 의심한다. 그렇다면 없는가? 아마도 있을 것이다. 하지만 고정된 불변의 것으로 있지는 않을 것이다. 미국에 에드워드 호퍼라는 화가가 있었다. 그는 미국적인 풍경으로 유명했는데 사람들은 그를 미국적인 화가라 불렀다. 하지만 그는 이 말에 동의하지 않았다. 그는 프랑스 화가들은 프랑스적 풍경에 대해 말하지 않고 영국도 마찬가지라면서 미국적인 것이 있다면 그것은 화가 안에 있는 것이며 자신은 미국적인 것을 추구하지 않는다고 말했다. 나는 이에 동의한다. 남들은 그를 미국적인 화가라 불렀지만 그는 부인했다. 자신은 자신이 그리고 싶은 것을 그릴 뿐이고 그것이 만약 미국적이라면 그것은 자신이 미국에서 태어나 자랐기 때문이라는 것이다. 즉 미국적인 것이 있다 하더라도 그것은 자신 안에 스며 있는 것이고 자신이 어떻게 할 수 있는 것이 아니라고 그는 말하고 싶었던 게 아닐까.

사회적으로는 한국적인 작가라는 말을 사용할 수 있다. 많은 사람들이 작품을 보고 한국적이라고 느끼고 평가했다면 그렇다고 말할 수 있기 때문이다. 그렇다고 해서 작가가 한국적인 것을 표현하기 위해 애를 썼다고 말한다면 동의하기 어렵다. 그보다는 호퍼처럼 자신을 표현한 것뿐인데 이차적으로 그런 평가를 받았을 뿐이라고 하는 게 더 맞을 것이다. 그리고 그런 이차 평가마저 끊임없이 변하고 변하는 것이 당연하다. 왜냐하면 그런 평가는 사회적인 것이고 사회는 변하기 마련이기 때문이다. 한국적인 것은 그때그때 있을지도 모른다. 하지만 고정불변의 것으로 존재하는 한국적인 것은 없을 것이다.

고정불변의 한국 문화를 부인하고 있지만, 그럼에도 나는 이 책에서 지금 이 땅에 사는 우리가 어떤 문화 속에 살고 있는지를 탐구해 보고자 한다. 물론 문화 수입의 중요성을 잊지 않고 역사적 배경도 고려할 것이다. 문화는 크게 보아 생활 양식이라 할 수 있다. 생활은 물리적 토대와 정신적 요소가 모두 있어야 한다. 어떤 가치관과 인생관을 갖느냐에 따라 생활 양식은 크게 변하기에 이에 대한 탐구는 필수적이다. 따라서 정신적인 측면에 상당한 분량을 할애할 것이다. 그리고 생활에서 빠질 수 없는 건축에 어떻게 우리의 문화가 적용되었는지, 그리고 한국의 미라고 일컫는 자연의 미가 과연 그러한지에 대해서도 고찰해 볼 것이다. 물론 불변하는 한국적인 것은 없다는 주장도 잊지 않고 논할 것이다. 사람들은 아직도 그렇게 믿는 것처럼 보이기 때문이다.

2021년 3월

탁석산

차례

1
고인 물과 흐르는 물

피터르 브뤼헐의 1565년 작품 「우울한 날」을 보면 세상이 정말 우울해 보인다. 하늘빛부터 가라앉았을 뿐 아니라 마을도 침잠해 있어 모든 것이 을씨년스럽다. 게다가 흐르는 물도 사납다. 하지만 사람들은 여전히 자신의 일을 하고 있고 일상과 별로 달라 보이지 않는다. 나도 가끔씩 일상에서 우리의 어두운 면을 보곤 한다. 볼 때면 가슴에 검은 구름이 끼기도 하지만 여전히 일상을 살아간다. 여기에 우울한 장면 몇 개를 모아 보았다.

•

일본 요코하마에서 피겨스케이트 전문점을 운영하는 사카타 세이지 씨는 자신을 찾아온 김연아의 스케이트 날을 갈아 주었다. 그런데 그는 김연아의 라이벌인 일본

선수들의 스케이트 날도 갈아 주는 사람이었다. 김연아는 캐나다 출신 코치의 도움과 함께 일본인의 도움으로 좋은 성적을 낼 수 있었다. 한국은 스케이트 날도 못 가는 나라인가 하는 인상을 받게 되었다.

김연아의 연기에서 한국적인 것은 무엇일까? 배경 음악은 주로 서양의 것이고 기술과 난이도도 수행의 차이만 있을 뿐 어느 선수나 다 하는 것이다. 옷도 물론 한복이 아니라 양식이다. 게다가 스케이트 날까지 일본 사람이 갈았다면 과연 김연아를 제외하고 한국적인 것이 존재하는가 하는 의심이 든다. 16세에 독일로 축구 유학을 가서 지금은 영국 프리미어리그에서 뛰는 손흥민도 마찬가지이다. 세계적인 수준의 선수이기는 하지만 그의 축구 스타일에서 한국적인 것을 찾기란 어렵다. 뛰어난 기술이나 정신력을 칭찬할 수는 있겠지만 한국 고유의 것을 발견하기는 아무래도 어려워 보인다.

허먼 멜빌이 소설 『모비 딕』을 발표한 것은 철종 2년인 1851년이었고 일본 최초의 전업 작가이자 베스트셀러 작가였던 짓펜샤 잇쿠(十返舍一九)가 『동해도 도보여행기』 1편을 발표한 것은 1802년이었다. 두 나라에 비해 19세기의 한국 문학은 빈약해 보인다. 『춘향전』을 『모비 딕』과 견주는 것은 조금 무리가 있어 보이고 시대를 거슬러 올라가 17세기의 『구운몽』을 11세기의 일본 소설 『겐지 이야기』와 비교해 보아도 그리 나아지지 않는다. 물론 나의 무지 때문일 것이다. 그런데 전문가도 그런 견해를 내비친 경우가 있다. 조지훈은 「고전의 가치」에서 문학으로 볼 때 조선에도 고전은 있으나 그 수가 얼마 되지 않고, 『삼국유사』를 비롯한 향가·고려가요·조선의 시가와 가사 또는 여러 가지 소설이 우리의 고유 정신과 습속이 표현된 주요한 고대 작품이므로 우리의 고전이라 할 수 있다고 말한다. 그는 시대에 따라 종류를 달리 하는 고전이 있다면서도 그 수가 얼마 되지 않는다고 한다.[1] 이런 결과가 만족스럽지 않으므로 그는 우리가 좀 더 그 시야를 넓힌다면 중국의 고전인 『시경』도 우리 문학 전통에서 뺄 수 없으므로 『시경』을 조선 문학의 고전으로 삼을 수 있으며 그것은 서구 문학의 고전이 희랍에 기반을 두듯이 동양 문학의 고전도 중국·인도에 그 근원의 태반이 있기 때문이라고 말한다. 즉 우리 고전의 영역을 중국 고전으로 확대하자는 것이다.

이런 식이라면 100년 후에는 서양 고전도 우리의 고전에 포함될 것이다. 단테의 『신곡』과 셰익스피어의 작품들은 비록 서양에서 비롯되었지만 지금 우리에게 큰 영향을 끼치고 있고 우리 문학 생활의 일부가 되고 있기 때문이다. 이렇게 되면 한국 문학도 풍요로워질 터이니 나의 인상은 틀린 것이 될 것이다. 한국인이 써야만 한다는 강박에 사로잡힌 탓에 잘못을 범한 것이 아닐까.

유홍준은 〈우리나라는 전 국토가 박물관이다〉라는 말로 문화 답사기를 시작한다. 박물관 유리창에 진열된 유물은 실향 유물들의 보호처일 뿐이고 전 국토가 박물관이라는 것이다. 이런 선언은 아마도 박물관의 우리 문화재가 빈약해 보이기 때문에 나왔을 것이다. 하지만 이 주장은 별 의미가 없다. 왜냐하면 전 국토가 박물관이 아닌 나라가 없기 때문이다. 우리만 국토가 있고 역사가 있는 것은 아니다. 또한 문화재란 제자리에 있을 때에 가장 빛을 발한다는 주장은 새삼 새로울 것도 없다.[2] 그런데 그는 〈인간은 아는 만큼 느낄 뿐이며, 느낀 만큼 보인다〉고 선언한다.[3] 과연 그럴까? 미인을 예로 들어 보자.

미인에 대해 알아야만 미인임을 느낄 수 있을까? 키, 몸무게, 얼굴 형태, 학력, 경력, 취미 등을 알아야 미인이라고 느끼는 것은 아닐 것이다. 그냥 보면 느낀다. 존재에 압도된다. 미인이 나타나는 순간 사고는 정지하고 혼은 가출하며 숨이 멎는다. 학습은 아무 힘도 없다. 보면 느끼는 것이지 아는 만큼 느끼는 것이 아니다. 미인에 대한 분석은 이차적이며 부수적이다. 존재가 우선한다.

유홍준이 예로 든 첨성대를 보자. 그는 기대를 안고 처음 경주에 가보는 사람들에게 감동은 고사하고 실망만을 안겨 주는 대표적인 유물은 첨성대인데 교과서에서 동양 최고의 천문대라고 배운 첨성대가 겨우 10미터도 안 되는 초라한 규모라는 사실에 망연자실해질 따름이라고 말한다. 그러면서 그것은 우리가 첨성대의 〈구조와 상징성〉을 단 한 번이라도 제대로 들어 본 적이 없기 때문이라 진단하고 이에 대해 상세히 설명한다.

이런 설명을 들으면 지적인 재미가 일고 문화재에 대한 흥미도 생기지만 그렇다고 해서 없던 미적 흥취가 생겨나는 것은 아니다. 설명을 듣고 다시 보니 이해가 된다는 것뿐 감동의 물결이 몰려오지는 않는다. 감동은 처음 본 순간 결정이 난다. 이후의 지적 작업은 지식 향상에 도움이 될 뿐이다. 하지만 그는 첨성대의 구조와 상징성을 설명한 후, 얼마나 절묘한 구조이고 기막힌 상징성인가 감탄하고 또 모든 것을 떠나 첨성대의 생김새를 보라고 한다. 구조와 상징성을 논한 후 이 모든 것을 떠나서 보자고 주문하고 있다. 구조나 상징성은 생김새와는 별 상관이 없다는 것이다. 그렇다면 생김새만 말하는 것으로 충분하지 않았을까. 그렇다면 생김새 어디에서 미적인 감흥이 오는가? 이에 대한 그의 답은 없다. 이에

반해 고유섭은 첨성대의 단아한 맛이 윤곽 곡선의 완화한 변화에서 온다고 말한다.[4]

또한 그는 〈사랑하면 알게 되고, 알면 보이나니, 그때 보이는 것은 전과 같지 않으리라〉라는 구절을 조선 시대 문인의 것이라 소개한다. 이것이 문화미를 획득하는 모범 답안이라는 것이다. 하지만 사랑의 본질에 대해 생각해 보면 그렇지도 않다. 사랑은 수동태이다. 나도 모르게 사랑에 빠지는 것이다. 결심한다고 되는 일이 아니다. 문화재를 대입해 보면 나도 모르게 사랑에 빠지는 문화재가 있어야 그다음에 그것에 대해 알고 싶을 것이다. 따라서 문제는 사랑에 빠져들게 하는 것이 존재하느냐이다. 유감스럽게도 첨성대는 아닌 것으로 보인다.

캄보디아의 앙코르와트에 압도된 경험이 있다. 사진이나 영상으로 본 적은 있었지만 보는 순간 입이 쩍 벌어졌다. 정신없이 보았다. 앙코르와트에 대해 아는 것이 거의 없었지만 감동은 충분하고도 넘쳤다. 물론 공부를 해서 아는 것이 많아진다면 또 다른 면이 보일 것이다. 나만 이런 경험을 한 것은 아닌 것 같다. 주달관(周達觀)이란 원나라 관리가 1296년에서 1년간 이곳에 머물렀는데 그는 성은 네모반듯하며 네 방향으로 돌탑이 하나씩 있고 나라의 한가운데에 금탑이 하나 서 있는데, 주위에는 20여 개의 석탑과 백여 칸의 돌방이 있고 동쪽을 향해서 황금교가 하나 있으며 금사자 두 개가 다리의 좌우에 놓여 있고 황금불 여덟 개가 돌집 아래 놓여 있다고 묘사했다. 앙코르톰에 대한 묘사라고 하는데 중국 사신이 자존심을 세우기 위해 애써 깎아내렸다 해도 그 호화로움과 엄청난 규모를 짐작할 수 있다. 이에 반해 1123년 고려를 방문한 송나라 문신 서긍(徐兢)이 남긴 글을 보면 당시 개경 성곽의 모습은 그리 인상적이지 않아 보인다. 그는 〈그 성은 주변 둘레가 60리이고, 산으로 둘러싸여 있으며, 모래와 자갈이 섞인 땅으로, 그곳 땅의 형세를 따라 성을 쌓았다. 성 밖에는 참호가 없고, 여장도 설치하지 않았으며 줄지어 이어진 집들은 마치 행랑과 같아, 그 모양이 적루와 아주 비슷하다〉고 보고했다. 궁핍했다는 인상을 지울 수 없다.

고전이나 문화재가 빈약해 보인다 해도 활용을 늘린다면 빈약에서 벗어날 수 있다. 고전의 수가 비록 적다고 해도 그 활용 빈도가 높으면 빈약하지 않기 때문이다. 단테의 『신곡』 하나만 있어도 빈약함을 느끼지는 않을 것 같다. 풍요로운 문화를 위해서는 기원과 관계없이 그 활용이 중요하다. 하지만 우리는 얼마나 풍부하게 우리 고전을 활용하고 있는지에 대해서 여전히 부정적인 인상을 갖고 있다. 물론 이 또한 전적으로 나의 무지 탓일 것이다. 하지만 활용의 좋은 예는 알고 있다. 일본 영화감독 구로사와 아키라의 경우가 그렇다.

구로사와 감독은 셰익스피어의 『리어 왕』을 바탕으로 영화 「란(亂)」(1985)을 만들었는데 얼핏 보면 일본 냄새가 물씬 풍긴다. 원작이 『리어왕』이라는 생각이 들지 않을 정도이다. 그는 일본의 전통극 노(能)에 끌렸다고 말하면서 그것을 바탕으로 세계로 나아갈 결심을 했다고 한다. 노의 대가였던 제아미(世阿彌)가 남긴 예술론,[5] 그에 관한 문헌, 그밖에 노에 대한 책을 닥치는 대로 읽었다고 밝히면서 일본이 지닌 독자적인 미의 세계를 널리 세계에 자랑할 수 있다고 생각했다고 한다. 그는 자신의 모토인 〈아무도 보지 못한 부분까지 보라. 그리고 그것을 누구나 볼 수 있게 하라〉를 모파상에서 따왔다.

이런 풍요로움은 한국 영화감독 박찬욱도 갖고 있다. 일본 만화를 원작으로 세계적인 영화 「올드 보이」를 만들었기 때문이다. 아마 원작자도 이 영화를 보고서 영화의 완성도에 놀랐을지 모르겠다. 이런 경우라면 영국의 19세기 소설가 샬롯 브레임도 마찬가지로 놀랐을지 모르겠다. 그의 소설 『여자보다 더 약한 *Weaker Than a Woman*』이 일본에서는 『금색야차』로 한국에서는 『이수

일과 심순애』로 변했으니까.

한편, 봉준호 감독의 「기생충」은 고전에 의존하지 않고도 얼마든지 훌륭한 작품을 만들 수 있다는 것을 보여준다. 당대의 문제를 소재로 삼아서 좋은 작품을 만드는 것은 언제나 있었다. 고전이든 당대든 어떻게 소화하느냐가 문제인 것이다.

한국 문화가 빈약하다는 나의 인상은 주로 과거를 대상으로 한다. 즉 문화재가 빈약하다는 것이다. 지금은 사정이 다르다고 할 수도 있을 것이다. 박찬욱, 봉준호로 대표되는 영화계나 BTS나 블랙핑크로 대표되는 한류의 융성은 한국의 지금 문화는 다르다고 말하고 있는 것 같기 때문이다. 물론 그런 면이 있겠으나 나는 지금 상황에 대해서도 여전히 빈약하다고 느끼고 있다. 국립중앙박물관의 1년 작품 구매비가 수십 억에 불과하고, 이 예산이라면 번듯한 작품 하나 사기도 빠듯할 것이다. 그렇다고 해서 오에 겐자부로와 같은 무게감으로 세계를 상대하는 작가가 있는 것도 아니다. 「가지 않은 길」로 유명한 로버트 프로스트의 시 번역도 제대로 되어 있지 않고 에즈라 파운드의 경우도 다르지 않다. 이슬람의 경전 『쿠란』의 번역본도 그리 믿을 만하지 않다.

몇 해 전 〈국립중앙박물관회 젊은 친구들〉이란 단체

가 일본에서 성인 손바닥보다 조금 큰 고려 불감(佛龕)을 매입하여 기증했다는 기사를 보았다. 훌륭한 일이다. 그리고 박물관에서는 〈대고려전〉에서 이 유물을 전시할 것이라고 했는데 나는 〈대(大)〉라는 수식어에서 뭔가 빈약함을 느꼈다. 그냥 〈고려전〉이라고 해도 충분하지 않을까. 과장의 몸짓이 느껴진다. 중국 진시황의 병마용을 보면 굳이 다른 수식어를 동원할 필요를 느끼지 못한다. 가서 보면 이름은 전혀 중요하지 않다는 것을 금방 알 수 있기 때문이다. 내용에 자신이 있다면 이름은 표식일 뿐이나 그렇지 못하다면 이름은 과장되는 일이 흔하다. 우리는 대영박물관이라 부르고 있으나 실제 이름은 〈영국 박물관The British Museum〉일 뿐이다. 왜 〈대〉를 붙였는지 모르겠다. 내용물에 압도되어 그냥 영국이라 부르는 것이 부족하다 여겨 〈대영〉이라 했는지도 모르겠다. 하지만 이런 태도는 없는 자의 것이 아닐는지. 있는 자는 무엇이라 불러도 자신이 있으니 마음 쓰지 않을 것이다. 이것이 단순히 기분 탓일까? 아니면 더 깊은 구조적인 문제를 드러내는 것일까?

외국 문화 수입은 사전 없이는 매우 곤란할 것이다. 따라서 사전은 그 나라의 문화 수입이 어떠한가를 보여주는 기준이 될 수 있다. 내가 쓰는 영한사전에는 편집가의 이름이 없다. 편집국, 편자라고만 되어 있어 어딘가 모르게 빈약해 보인다. 이런 방대한 사전을 만든 사람이라면 당연히 이름을 올리지 않았겠는가. 자랑스러운 일임에도 이름이 없으니 한편으로는 이상한 일이기도 하다. 이에 반해 일본 사전에는 이름이 있다. 『신영화대사전』을 보면 대표 편집가를 비롯하여 편자, 편집 고문, 집필자, 그리고 협력자까지 밝히고 있다. 이는 옥스퍼드 사전도 마찬가지이다. 『*Shorter Oxford English Dictionary*』에도 편집가와 협력자의 이름이 나와 있다.

•

1774년 일본에서 네덜란드 해부학 책이 『해체신서』란 이름으로 번역·출간되었다. 번역가 중 한 명인 스기타 겐파쿠(杉田玄白)는 중국의 치료법과 논설을 연구할수록 견강부회한 것이어서, 밝히려고 하면 점점 더 어두워지고 바로잡으려 하면 점점 더 잘못되어, 하나라도 쓸만한 것을 보지 못한다고 말한다. 즉 중국 의서는 의지할 만한 것이 못 된다는 것이다. 그리하여 그는 네덜란드 해부학 책을 가져다 해부하여 살펴보니 하나도 어긋나지 않았다고 하면서 중국 한의학 책은 틀렸다고 선언한다. 한마디로 중국 의서를 버리고 서양 의서를 택했다는 것이다. 이유는 단순해 보인다. 한쪽은 틀렸고 다른 한쪽은 사실과 부합하기 때문이다. 중국 의서는 오장육부의 위치조차 정확히 몰랐던 것이다.[6] 물론 한의학과 서양 의학은 체계를 달리 하므로 애초 비교 불가능하다. 서로 다른 체계의 우열이 단순히 내장의 정확한 위치 파악으로 판가름 나지는 않을 것이다. 지금도 실제로 침으로 환자를 고치고 있고, 전체는 부분의 합 이상이라는 주장도 통용되고 있다. 단지 당시 에도 시대의 일본의 입장에서는 서양 의학은 새로운 체계였고 그것의 장점이 더 눈에 들어온 것이다.

흔히 문화는 물과 같아서 높은 곳에서 낮은 곳으로 흐른다고 한다. 얼핏 보면 맞는 말 같다. 하지만 이는 사실과 다르다. 물과 문화의 흐름은 전혀 다르기 때문이다. 즉 문화는 의도적으로 물길을 내지 않는 한 높은 곳에서 낮은 곳으로 흐르지 않기 때문이다. 높은 곳의 물은 넘치면 자연스럽게 낮은 곳으로 흐르게 되어 있다. 하지만 높은 수준의 문화는 자연스럽게 넘치지 않는다. 반드시 물길이 있어야 한다. 물길을 내는 데는 두 가지 방법이 있다. 하나는 위에서 아래로, 다른 하나는 아래에서 위로. 위에서 아래로 내는 물길은 보통 정복이나 전쟁에 의해 이루어지고, 아래에서 위로 내는 물길은 갖은 노력에 의해 이루어진다. 신라에 불교를 전파하기 위해 순교한 이차돈 이야기, 원나라에서 목화씨를 몰래 들여온 문익점 이야기, 그리고 비잔틴 제국의 유스티니아누스 1세(재위 527~565년) 치하의 두 수도자가 누에의 알과 뽕나무 씨앗을 속이 빈 지팡이에 감추어 중앙아시아에서 수도이던 콘스탄티노플까지 몰래 가지고 들어왔다는 이야기 등이 그 사례일 것이다.

한우도 좋은 사례다. 한우는 오키나와 물소를 도입하여 교배한 한 것이라고 한다. 별빛생태농원 대표 김동진 박사에 따르면 조선은 국초부터 명의 남부에서 물소를 구하기 위해 노력했지만 성과를 거두지 못했고, 세조 7년(1461)에 이르러서야 오키나와에서 암수 두 마리의 물소를 들여올 수 있었다고 한다. 10월에 도착한 물소를 경상도 웅천에서 겨울을 보내도록 한 후 서울로 가져가 창덕궁의 후원에서 사복시 관원들이 돌아가며 길렀고 조선은 제반 의서에서 물소 기르는 법을 조사하고 이를 의생 네 명이 배우게 하는 등 온갖 정성을 기울였기에 물소는 잘 번식되었다고 말한다. 지금의 한우는 서양의 소와는 뚜렷이 대비되는 한국적인 것이다. 한우를 지키자, 원산지를 속이지 말라와 같은 구호는 흔히 볼 수 있다. 하지만 이 한우는 오키나와 물소와의 교배의 결과이다.

최근까지 우리의 중국, 미국, 일본으로의 유학도 이런 노력의 일환이다. 일본도 마찬가지다. 고대에는 중국에 견수사(遣隋使), 견당사(遣唐使)를 보냈고, 근대에는 유럽과 미국으로 사절단을 보냈다. 물론 『해체신서』의 번역도 물길을 내기 위한 노력의 한 사례이다.[7] 적극적으로 물길을 내려 하지 않는다면 문화는 높은 곳에서 낮은 곳으로 옮겨가지 않는다. 미술사학자 고유섭은 문화를 받아들이는 시기를 창조기라고 주장한다. 그는 이역(異域)의 많은 우수한 문화를 이어받을 수 있고 또 얻어 들일 수 있었던 과거를 행복했었다고 하면서 비극은 오히려 그것을 받아들이지 못하는 데 있다고 말한다. 다시 말해서, 적극적으로 외래문화를 받아들일 때는 좋은 때이고 그렇지 않을 때는 국가가 멸망했다는 것이다.[8]

미술사학자 윤희순은 「풍토양식」에서 북방으로부터 들어오는 복잡한 대륙 문화가 조선반도의 지역적인 환경 속에서 순화되었음은, 반도의 남쪽이 삼면 바다이므로 쉽사리 거쳐 나가지 않고 오랫동안 머물러 온양·발효할 수밖에 없었던 것도 하나의 원인으로 볼 수 있겠다고 추정하면서 중국에서 들여온 문화를 독창적으로 발전시켜서 일본에 전해 주었다고 말한다. 일본으로 문화를 전해 주었다고 한다면 두 가지 방법 중 하나일 것이다. 앞서 말한 대로 정복이나 전쟁이 아니라면 일본의 노력일 것이다. 삼국 시대에 일본으로의 문화 전파는 어느 쪽일까? 삼국이 일본을 정복했다고 보기는 어려우니 일본의 노력으로 문화를 전수받았다고 해야 할 것이다.

그런데 한국에서 중국으로 문화가 흘러갔다는 예는 거의 없는 것 같다. 중국에서 인정받았다는 인물이 간혹 등장할 뿐 중국 문화에 끼친 한국 문화는 찾기 어렵다. 그렇다면 한국 문화는 거의 흐르지 않았다고 말할 수 있겠다. 고대 이후에는 일본으로 흘러간 적이 거의 없었고, 또한 중국으로 흘러간 적도 없었다면 과거의 한국 문화는 거의 고인 물이었던 셈이다.[9] 그렇다면 지금 한국의 상황은 어떤가? 서양 문화를 적극적으로 배워 우리의 것으로 삼고 있다고 할 수도 있으나 그 바닥에는 해방 후 미국이 진주했다는 사실 즉 일종의 윗길 내기가 자리하고 있다. 우리의 의도와 선택과는 상관없이 민주주의, 자본주의 등이 일방적으로 이식되었다는 것을 부인하기는 어려울 것이다.

고인 물은 부정적 인상을 준다.[10] 고여 있다면 썩기 마련이라는 생각이 들기 때문이다.[11] 하지만 윤희순이 말하는 대로 소화·흡수하여 독창의 영양으로 삼을 수 있다면 문제될 것이 없다. 오히려 융합하여 새로운 문화를 만들 수 있기 때문이다. 그런데 문제는 그런 독창성과 수준이 있었다면 왜 중국이나 일본에서 물길을 내지 않았느냐는 것이다.[12] 두 나라 모두 가까운 곳에 있는데도 왜 적극적으로 수입하려 들지 않았을까. 좋은 것이 있다면 먼 나라에까지 가서 수입하려는 것이 상식 아닌가. 당나라 승려 현장이 죽을 고비를 넘겨 가며 천축에 가서 불경을 가져오는 이야기인 『서유기』는 바로 이 점을 보여 주고 있다. 지금 우리는 미국에 물길을 대기 위해 노력한다. 물론 요즘은 다른 나라에서 한국을 배우고자 하는 흐름도 있으나[13] 미국을 향한 우리 마음에는 턱없이 미치지 못할 것이다.

　일본도 우리와 상황이 비슷했던 것으로 보인다.[14] 오쿠보 다카키의 『일본문화론의 계보』(소화, 2007)에 따르면 일본의 이러한 성향(고인 물)은 아마도 아시아 대륙의 동쪽 끝(대륙에서는 떨어져 있다)에 자리 잡은 작은 섬나라라는 사정에서 생겨났을 것이고, 그 결과 일본은 문자에서 시작해서 행정 제도, 사상, 종교에 이르기까지 문명의 근간을 이루는 다양한 구상을 대륙으로부터 섭취할 수 있었다. 더 나아가 단순한 모방에 그치는 것이 아니라 자신의 풍토와 문화에 맞추어 소화·변용(가나 문자)하거나 자신만의 구상을 대항·공존·융합

(신도)시켰다. 오쿠보는 힘겹게 대륙 문명과 함께 나아가는 과정에서 일본은 습관처럼 언제나 상대와의 거리를 확인하며 자신을 식별해 왔다고 말한다. 한국과 거의 같은 구조이다.

하지만 차이가 있다. 일본 문화는 근대 이후에는 흐르는 물이 되었다. 서양은 일본 문화를 배우려 애썼고 일본 문화는 서양에 실제로 많은 영향을 끼쳤다.[15] 그리고 일본은 근대 이후 중국과 한국에 대해 한때 문화적 주도권을 장악했다. 근대의 많은 중국 지식인들이 일본으로 유학을 왔으며 루쉰(魯迅)도 그중 한 명이었다.[16] 한국에 미친 이때의 흔적은 이한섭의 『일본어에서 온 우리말 사전』(고려대학교출판부, 2014)에서도 확인할 수 있다. 이 사전에 의하면 우리가 지금 쓰고 있는 철학, 철자법, 청년, 청력, 청산, 청사진 등은 모두 일본에서 온 것이다. 이 사전은 약 950면에 이를 만큼 상당히 많은 어휘가 실려 있다. 이런 사전을 보면 일본 문화가 고인 물이라고 말하기 힘들다.

과거와 달리 요즘은 물길을 내기 위해 한국을 찾는 외국인이 크게 늘었다. 새마을 운동을 배우려고 많은 나라에서 오고 있고, 한류 덕분인지 많은 대학에서 한국 문화를 배우려는 많은 외국인 학생들을 볼 수 있다. 돈을 벌기 위한 목적이 주이겠지만 몽골 인구의 약 10퍼센트 정도는 한국 체류 경험이 있다고 할 정도이다. 한국은 과거와 달리 외국에 문호도 열어 놓았다. 인천 국제공항 터미널 두 개 모두 프랑스인이 설계했으며 제2 여객 터미널에는 「그레이트 모빌Great Mobile」이라는 이름의 대형 모빌이 설치되어 있다. 한국의 터미널이라고 한국적인 미나 오방색을 쓰지 않아 다행이라는 생각이 든다. 공항은 특히 외국과의 교섭 관문이므로 더욱더 우리 것을 고집하면 안 될 것이다. 예전에는 그럴수록 더 우리 것을 보여 주려 했는데 그런 자세를 고수할수록 한국 문화는 고인 물이 될 가능성이 높아질 것이다.

하지만 우리의 발목 하나는 아직도 과거에 잡혀 있다. 몸은 저만치 앞으로 나아갔는데 발목 하나는 여전히 잡혀 있는 사례는 앞서 국립중앙박물관 젊은 친구들의 문화재 구입 기증에서도 찾을 수 있다. 해당 기사에서 우리 손으로 확실한 우리 문화재를 되찾아 온 것이라서 뿌듯하고 자부심이 생겼다는 회원 인터뷰를 볼 수 있다. 여기에서 〈우리 문화재〉, 〈우리 손〉이 강조된 것을 볼 수 있다. 고인 물이 되지 않으려면 우리 문화재보다는 수준 높은 문화재 혹은 학술적 가치가 높은 문화재라고 해야 할 것이다. 영국이나 미국의 박물관은 자국의 문화재로 세계적인 박물관이 된 것이 아니다. 수준 높은 문화재가 있었기 때문이다. 물론 많은 문화재는 약탈에 의해 그곳으로 가게 되었지만 기본 개념은 〈자국〉이 아니라 〈수준〉인 것이 분명하다. 고인 물에서 벗어나 흐르는 물이 되려면 우리가 아니라 수준을 기준으로 삼아야 한다.

『세종실록』 36권을 보면 예조에서 회회교(回回敎, 이슬람교)는 의관이 보통과 달라서, 사람들이 모두 보고 우리 백성이 아니라 하여 더불어 혼인하기를 부끄러워한다고 하면서, 이미 우리나라 사람인 바에는 마땅히 우리나라 의관을 좇아 별다르게 하지 않는다면 자연히 혼인하게 될 것이라고 임금에게 이른다. 또 대조회(大朝會) 때 회회교도의 기도 의식도 폐지함이 마땅하다고 이른다. 이에 세종은 그대로 따랐다고 한다. 실록에 기록된 것이므로 사실로 봐야 하는데 이것이 사실이라면 이슬람교도에게 그들의 율법을 따르지 말고 조선의 율법을 따르라고 명했다고 할 수 있다. 기도 의식도 금지시키고 옷도 조선의 것으로 입으라 했으니 당시의 이슬람교도가 아마도 조선을 떠났을 것으로 추정된다. 지금 우리는 이슬람교도에게 어떤 태도를 보이고 있는가? 세종과 전혀 다른가, 아니면 마음속으로는 일정 부분 동조하고 있는가? 기독교도에게 하는 것과 똑같은 태도로 무슬림을 대하고 있다고 말하기는 어려울 것이다. 위에 나온 세종의 조치가 사실이라면 아마도 그 후로는 이슬람과의 네트워크는 끊어졌다고 봐야 할 것이다. 지금 우리는 어떤가? 현재 이슬람과의 네트워크는 작동 중인가?

•

야구 스코어보드를 읽을 때 한국은 9회 초/말, 일본은 표(表)/리(裏), 미국은 top(위)/bottom(아래)이라고 읽는다. 이 차이는 무엇을 의미할까? 역시 문화적 토양이 다르다고 해야 할 것이다. 한국에서 〈9회 표 공격입니다〉라는 표현은 역시 어색하다. 우리 감각에 맞지 않는 것이다. 나는 한국 문화가 시간과 관련이 깊다는 인상을 갖고 있다. 빨리빨리 문화나 습관적 지각 등을 말하는 것은 아니다. 사고의 한가운데에 시간성이 자리하고 있지 않을까 한다. 흔히 『조선왕조실록』이나 『승정원일기』는 세계에서 유례를 찾을 수 없는 기록물이라고 한다. 이런 기록물을 두고 한국인이 기록을 중시했다는 해석이 나오기도 하는데 물론 그런 면도 있겠다. 하지만 그 이면에는 세계를 시간으로 파악하는 의식이 있지 않았나 생각한다. 한국에서의 기독교 성공에도 이런 면이 있지 않았을까? 즉 기독교의 세계관은 창조를 시작점,

종말을 끝점으로 하는 두루마리처럼 펼쳐지는 시간의 전개라고 할 수 있고, 그렇기에 한국인의 감각에 맞지 않았을까 짐작해 본다.

하이데거의 〈현존재(Dasein: 인간)〉는 탄생과 죽음 사이에 펼쳐지는 인생 이야기를 갖는다. 역사적이고 시간적인 존재다. 이런 맥락 안에서 진정성, 염려, 공포, 유한성 그리고 죽음이 그의 철학의 주요한 주제가 된다. 그의 현존재에 대한 파악을 한국 문화에 적용해도 괜찮을 것 같다. 한국인은 삶을 탄생과 죽음 사이에 펼쳐지는 드라마로 본다. 여기에서 유의할 점은 삶이 탄생과 죽음 사이로 한정된다는 것이다. 다시 말해서, 탄생 이전이나 죽음 이후는 드라마에 포함되지 않는다. 초(初)라는 말은 시작을 의미하므로 그전에는 아무것도 없었다는 얘기이고, 말(末)은 끝이라는 뜻이므로 말 그대로 끝이다. 한국 문화에서 인생은 시작과 끝에 갇혀 있고 그 사이에서 공연되는 드라마라는 생각이 든다.

이에 반해 일본의 미의식은 시간과는 무관해 보인다. 겉과 속이란 개념 자체가 시간성을 배제하며 겉과 속은 동시에 존재하기 때문이다. 동전의 양면과 비슷하다. 일본의 미로 흔히 일컫는 유현(幽玄)과 모노노아와레(もののあはれ)를 보자. 모노노아와레는 흔히 비애감으로 번역하는데 떨어지는 벚꽃을 보고 느끼는 흥취를 말한다. 모든 것이 잠깐 피어났다 사라진다는 무상감을 표현한다. 한편 유현은 깊고 그윽하여 정확히는 보이지 않지만 깊이가 있는 미의식이다.[17] 그런데 유현의 감상법은 지금 여기에 드러나 있는 아름다움을 즐기는 것이 아니다. 여기에 감추어져 있는 것의 아름다움을 연상하며 미적 감상을 심화시키는 것이다. 이런 미의식은 〈이키(いき)〉에서도 볼 수 있다.

이키란 절제하는 가운데에 나타나는 세련미를 의미하며, 표면은 소박한 듯하지만 속은 화려함을 추구하는 미의식이다. 일본은 겉에서 속으로 탐구해 들어가는 문화라 할 수 있겠다. 흔히 일본을 가리켜 속 다르고 겉 다르다고 말할 때는 부정적인 의미이다. 그러나 다르게 보면 속 다르고 겉 다른 만큼 그만큼의 깊이가 생긴다고도 할 수 있다. 겉만 봐서는 알 수 없는 문화, 겉은 시작에 불과한 문화, 속에는 그 깊이를 알 수 없는 것이 자리하고 있는 문화, 이런 문화를 일본 문화의 한 면이라 해도 좋을 것이다.

천박이라는 말이 있다. 천(淺)은 얕다는 뜻이고, 박(薄)은 엷다는 뜻이니 얕고 엷다는 말이 된다. 또한 얕다는 〈겉에서 속, 또는 밑에서 위까지의 거리가 짧다〉로,

얇다는 〈빛깔이 진하지 아니하다, 두께가 적다〉로 풀이 된다. 종합하면 깊이가 없다는 뜻이 될 것이다. 하지만 이 말을 부정적으로만 쓸 이유는 없다. 이미 얇고 넓은 지식이라는 말이 긍정적 의미로 쓰이고 있지 않은가. 〈경박단소(輕薄短小)〉라는 말도 전자 제품에 대해서는 매우 긍정적으로 쓰였다. 〈경박〉만을 떼어놓는다 해도 별로 달라지지 않을 것이다.

한국은 한 분야를 깊이 파는 나라가 아니다. 한마디로 전문가가 전문가로 대접받지 못하는 나라이다. 수입 소고기, 천안함, 4대강, 미세먼지 등 각종 문제에 대해 전문가의 권위는 인정되고 있지 않다. 거의 모든 사람이 전문가 수준이다. 과학과 같은 분야는 해당 전문가의 권위가 마땅히 존중되어야 할 것인데 용인되지 않는다. 물론 한국에서 전문가가 대접받지 못하는 데는 이유가 있다. 전문가가 정권이나 정치와는 무관하게 소신껏 행동했더라면 지금과 같은 일은 일어나지 않았을 것이다. 같은 사안이라도 정권에 따라 전문가에 따라 판단이 판이하게 다를 뿐 아니라 일관성에서도 의심을 사기에 충분했으므로 전문가에 대한 불신은 당연하다고도 볼 수 있다. 즉 전문가의 타락이 불신을 자초했다고 할 수 있다.

그런 사정과는 상관없이 한국은 여전히 기초 학문이

부실하다는 지적에서 자유롭지 못하다. 응용 학문에 치중할 뿐 시간과 돈이 많이 투여되는 기초 학문은 여전히 찬밥 신세이다. 따라서 깊이가 형성되지 않는다. 우리나라 사람이 일본의 연구자들을 보고 하는 말 중에 〈아직도 그걸 하고 있어요?〉가 있다고 한다. 시대는 쉼 없이 빠르게 변하는데 옛날에 하던 것을 몇십 년이 지난 후에까지 계속하고 있으니 나오는 말이리라. 나사, 지퍼, 안경 닦는 천 등에 고집스럽게 평생 매달리는 사람들을 흔히 장인(匠人)이라고 한다. 장인은 자신들은 아직 멀었다고 생각한다. 즉 시간이 문제가 아니라 더 깊은 세계가 있다고 여긴다. 이에 비해 한국은 최신 트렌드가 중요하다. 한 우물을 파는 것이 덕목이 되는 분위기는 아니다. 시류를 잘 타는 것, 시대를 잘 읽는 것이 더욱 중요하다. 이는 시간에 민감하다는 뜻이다.

몇 해 전 고고학자와 한의학자가 함께 논문을 써서 중국보다 앞선 침술 문화가 두만강 유역에 있었다는 주장을 했다. 근거는 두만강 부근 소영자(小營子) 유적은 기원전 10세기의 것인데 반해 중국에서 침에 대해 가장 오래된 기록은 기원전 6세기 것이며 또한 실물도 기원전 2세기 것이기 때문에 동아시아의 침술 전통은 중국이 아니라 한반도 두만강 유역이라는 것이다.

이 주장의 사실 여부에 관해 나는 아는 바 없으며 물론 판단할 위치에 있지도 않다. 단지 내가 관심을 갖는 것은 이런 주장의 근거로 시간이 등장한다는 것이다. 시간적으로 우리가 앞섰기 때문에 우리가 원조라는 주장인데 그렇게 단순히 시간적 순서만으로 이런 주장을 할 수 있는지는 의심이 든다. 중국의 기록이 기원전 6세기의 것이라 해서 그전에 침술 문화가 존재하지 않았다고 말할 수는 없을 것이다. 오히려 공식 기록이 있는 것으로 보아 기록 훨씬 전부터 있었다고 추론하는 것이 합리적이라 생각한다. 실물 또한 지금까지 발견된 기원전 2세기의 것이 가장 오래된 것일 뿐 그 이전 것은 아직 발견되지 않았는지도 모른다. 공식 기록이 기원전 6세기라면 그전의 실물이 역시 있었다고 보는 것이 합리적이지 않겠는가.

여러 가지 가능성은 차치하고 오로지 시간 순서만을 우리에게 유리하게 해석하는 것은 학문적으로 보아 깊이가 있다고 보기는 어렵다. 게다가 방증 자료로 『일본서기』를 인용하고 있는데 우리에게 유리할 때는 자료로서의 신빙성을 부여하고 불리할 때는 가치를 부인하는 자세 또한 바람직하지 않다. 그리고 기원전 두만강 유역의 침술이 지금 한국의 침술과 연결되어 있다는 증거는 있는가? 지금도 우리는 시간 축으로 문제를 단순화하고 우리에게 유리하게 해석함으로써 천박에서 벗어나지 못하고 있다. 학계에서는 획기적인 논문이라면서 중국 의학과 구별되는 한국 의학의 고대 공백을 복원할 수 있는 실증적인 연구라고 했다는데, 이 역시 우리가 아직도 우리 문화, 우리 것에 발목을 잡혀 있는 증거로 보인다. 마음이 앞서 천박에 빠졌다고도 볼 수 있다. 침술 문화 일반에 관한 연구에서 두만강 유역의 비중과 역할을 먼저 연구하는 것이 바람직하다.

지금까지 한국 문화의 부정적인 면 몇 가지를 살펴보았다. 앞서 말한 브뤼헐의 작품 「우울한 날」과 흡사하다. 하지만 물론 이것이 전부는 아니다. 브뤼헐도 「수확하는 일꾼들」(1565)이란 작품에서 풍요롭고 여유 있는 추수 풍경을 그리고 있다. 어두운 그림 때문인지 이 작품의 따듯함이 더 돋보인다. 따듯함과 풍요를 위해 문화란 무엇인가라는 물음에서 시작해 보자.

2
문화란 무엇인가
가족 유사성으로 본 한국 문화

첨성대를 처음 보았던 1972년에는 직접 만져 보았고
기대어 단체 사진도 찍었다. 그런데 다시 찾은 때에는
울타리가 쳐져 있어 바라만 볼 수 있었다. 나는 울타리
가 쳐진 순간 첨성대는 문화재가 되었다는 생각을 했다.
박물관 유리 안의 미륵반가상처럼 그것은 생활의 일부
가 아니라 생활에서는 유리된 문화재가 된 것이다. 이런
사실은 1929년에 출간된 안드레아스 에카르트의 책에
실린 사진에서도 확인할 수 있다. 이 사진을 보면 첨성
대 둘레에 울타리가 없음은 물론이고 거의 붙어서 초가
집이 있다. 그리고 바로 앞에 난 길을 삿갓 쓴 사람이 지
게 진 사람들과 지나가고 있다. 이때의 첨성대는 문화재
가 아니었고 실생활 공간의 일부였다. 동네에 있는 커다
란 나무와 같이 동네 풍경의 일부였을 뿐이다. 문화재와

문화는 다르다. 문화는 생활 양식이지만 문화재는 보통은 생활에서 격리된 사물이다.

위기에 대처하는 기술

문화인류학자 야마구치 마사오는 문화란 보통 그렇게 생각되지는 않지만 위기에 직면하는 기술이라고 말한다. 이렇게 문화를 위기에 직면하는 기술로 정의한다면 문화란 위기에 대처하는 기술, 혹은 위기를 극복하는 기술이라 불러도 좋을 것이다. 이런 정의대로라면 몇 년 전에 한국 문화의 바탕에는 실용주의가 있다는 나의 주장은 하찮은 게 되고 말 것이다. 나는 〈한국은 지난 1세기 동안 실용주의를 철학으로 택해 왔다. 즉 현세주의, 인생주의, 허무주의를 사상적 배경으로 하고 《어떻게》라는 문제에서는 실용주의를 취했다〉라고 주장하면서 〈인생의 즐거움에 유용한 것이 좋은 것이라면 인생의 즐거움을 누리기 위해서는 무엇을 해야 하는가? 이것은 시대마다 달랐다. 즉 시대에 적합한 과제가 부여되었던 것이다〉라고 말했다. 실용주의가 방법론이고 시대에 따라 변했다는 주장은 야마구치가 말하는 위기에 대처하는 기술과 거의 일치한다. 기술이라는 말 자체가 방법론을 뜻하고 위기는 시대마다 다르기 때문이다. 그렇다면 나는 단지 문화의 본질에 대해 말한 것뿐이지 않은가.

이보다 더 직접적인 표현이 있는데 그것은 문화란 무기라는 것이다. 고유섭은 문화와 무기를 동일시한다. 문화는 혁명을 성취하는 무기라는 것이다. 그리고 그 무기는 시대의 요구에 따라 선택된다고 하면서 조선조의 새로운 실책 즉 새로운 무기는 유교 수입에 있었다고 말한다. 그런데 위기에 대처하는 기술과 혁명을 위한 무기는 표현은 달라도 기본적으로는 같은 뜻으로 보인다. 어떤 시대에 위기가 닥치면 위기를 해결하려는 움직임이 일어날 터이고 이것을 혁명이라 부를 수 있다. 그리고 혁명을 성취하는 데 필요한 것이 기술이며 무기이다. 따라서 두 사람의 문화에 대한 견해는 일맥상통한다 할 수 있다.

문화가 위기에 대처하는 기술이며 무기라고 한다면 개인과 국가로 나누어 생각해 볼 수 있다. 지금 우리가 맞고 있는 시대에는 어떤 기술과 무기가 필요한가? 이런 질문에 답하기 위해서는 지금 이 시대가 어떤 시대이며 어떤 위기가 닥쳐오고 있는지를 먼저 알아야 할 것이다. 나는 과학과 의미 추구의 시대가 될 것으로 예측한다. 따라서 인공 지능과 로봇으로 대표되는 과학 시대에 대비하기 위해 과학 발전에 최우선적으로 투자해야 한다. 여기에서 뒤지면 개인도 국가도 힘든 미래를 맞이할 수밖에 없기 때문이다. 이는 종전의 패러다임을 통째로 바꾸는 일이 될 것이다. 인간과 기계의 공존은 인류가 처음으로 맞닥뜨리는 경험이기에 더 집중해야 할 것이다. 조선이 당시에는 새로운 무기인 유학으로 고려의 불교를 대체해 위기를 탈출한 것처럼 지금은 과학으로 위기를 탈출해야 하는 시대이다.

이와 아울러 의미 추구는 더욱더 절실해질 것이다. 과학은 〈어떻게〉에 집중하지만 인간은 여전히 〈왜〉를 알고 싶어 하기 때문이다. 따라서 의외로 왜에 답할 수 있는 종교가 다시금 각광받는 시대가 될지도 모르겠다. 이때에는 보다 보편적인 종교가 더 넓은 범위를 더 깊게 답할 가능성이 크기 때문에 큰 힘을 가질 것으로 보인다. 과학이든 의미든 모두 개인의 행동 양식과 생활 양식을 근본적으로 바꿀 만한 힘을 갖고 있고, 더 나아가 국가의 존망에도 영향을 미칠 것으로 보인다. 다시 말해서 과학과 종교가 문화를 근본적으로 혁신할 것으로 생각된다. 이런 점을 염두에 두고 사전적 정의로부터 문화에 대한 탐구를 시작해 보자.

사전적 정의

문화의 사전적 정의를 보자.

문화: 1. 한 사회의 예술, 문학, 도덕, 종교 따위의 정신적 활동의 전통. 2. 정신적 가치와 아름다움에 관계되는 사회적 분야나 활동 (『연세 한국어 사전』)[1]

문화: 자연 상태에서 벗어나 일정한 목적 또는 생활 이상을 실현하고자 사회 구성원에 의하여 습득, 공유, 전달되는 행동 양식이나 생활 양식의 과정 및 그 과정에서 이룩하여 낸 물질적·정신적 소득을 통틀어 이르는 말. 의식주를 비롯하여 언어, 풍습, 종교, 학문, 예술, 제도 따위를 모두 포함한다. (「표준국어대사전」)

즉, 문화란 자연과 대비되는 개념으로 사회 구성원의 총체적인 행동 양식 내지 생활 양식으로 언어, 종교, 제도 등 모든 것을 포함한다는 것이다.[2] 다시 말해 자연의 반대말이고 인간 활동의 총체라고 할 수 있다.[3]

이 정의가 옳다면 우리가 흔히 쓰는 문화·예술이라는 말은 구별해야만 한다. 문화와 예술은 같은 층위의 말이 아니기 때문이다. 문화가 상위 개념이다. 문화 속에는 정치, 경제, 언어, 종교, 풍습 등이 모두 포함되기 때문이다.[4] 물론 문화를 좁은 의미로 쓸 수도 있다. 하지만 이 경우에도 문화가 상위 개념이라는 것을 잊지 말아야 한다.

자연과 대비되는 인간 활동의 총체가 문화라면 앞서 야마구치의 정의와도 어긋나지 않을 것이다. 왜냐하면 위기를 극복하려는 기술도 인간 활동의 총체라고 말할 수 있기 때문이다. 인간에게 위기는 자연에서도 올 수 있고 제도나 사상, 정치나 경제에서도 올 수 있기 때문이다. 어떤 종류든 어디에서 비롯되었든 위기에 대처하는 기술이 문화인 것이다. 물론 목적은 더 나은 삶을 위해서이다.[5] 하지만 여기에서 유의할 점이 있다. 문화를 위기에 대처하는 기술로 본다면 위기에 놓인 문화는 역동적일 수밖에 없다는 사실이다. 다시 말해서 위기가 없다면 역동성도 없다. 이 점이 종종 간과되어 왔다.

위기에 대처하는 기술이 문화라는 관점에서 보면 한국이 역동적이라는 평가는 위기 혹은 문제가 아직 충분히 해결되거나 해소되지 않았다는 의미도 된다. 위기에 잘 대처했다면 사회는 안정적으로 보일 터이고 안정적인 사회는 역동성이 떨어지기 때문이다.

예를 들어 남대문 시장을 보자. 외국인들은 남대문 시

장에서 인간다운 정과 역동성을 느낀다고 한다. 시끄럽기도 하고 북적이기도 하여 사람 사는 분위기가 난다. 하지만 좀 더 자세히 들여다보면 그 원인이 가격 흥정에 있다는 사실을 알게 된다. 정가가 없는 것이다. 일단 부르는 가격이 있지만 흥정에 따라 많은 차이가 난다. 따라서 사고파는 사람 사이에 신경전과 실랑이가 살짝 벌어지고 이것이 시장 전체를 소음이 넘치는 공간으로 만드는 것이다. 백화점에도 사람은 많다. 세일일 때는 글자 그대로 넘쳐난다. 하지만 역동적이거나 사람 냄새 나는 공간이라고는 하지 않는다. 정찰제여서 흥정의 여지가 거의 없기 때문이다. 다시 말해서, 무질서의 소지가 남대문 시장에 비해 훨씬 적다는 것이다.

무질서는 창조의 원천이기도 하다. 질서 속에서 사람들은 안정을 느끼지만 동시에 지루함도 느낀다. 즉 역동성이 없다. 이런 현상은 선진국일수록 심하다. 저녁에 일찍 상점이 닫히고 거리에는 사람이 별로 보이지 않는다. 버스도 제 시간에 오고 사람들도 많지 않고 줄 서기도 잘 한다. 하지만 후진국일수록 무질서가 빛을 발한다. 버스는 콩나물시루인데도 사람들은 소리 높여 웃고 노점은 밤늦게까지 성업 중이다. 물건은 무조건 반 이하로 깎고 시작해야 하며 일단 모조품이라 여기는 것이 정신 건강에 좋다. 이런 관점에서 본다면 한국이 역동적이라는 평가는 선진국에 비해 무질서의 정도가 높다는 의미이다. 즉 위기가 남아 있다는 것이다. 우리는 질서는 안정, 무질서는 혼란이라고 하지 않는가. 혼란은 위기의 한 단면이다.

전통 문화

사람들은 좋은 전통을 잘 이어받아 살려서 미래에 대비해야 한다고 말한다. 과연 그것이 가능한 일일까? 미래에 필요한 것을 어떻게 우리는 가려낼 수 있을까? 그리고 그것이 지금의 위기 해결에 도움이 될까?

사학자 이기백은 전통 문화의 계승에 있어서 중요한 것은 껍질, 껍데기, 표면적인 것이 아니라 그 속에 깃들어 있는 정신이라고 한다. 그러면서 그런 정신 자세에서 오늘날 현대에 적합한 새로운 문화를 창조한다면, 이것이 우리의 후손들에게는 새로운 전통 문화로서 비춰질 것이고, 또 그것이 자손들에게 새로운 전통 문화를 창조하는 힘을 북돋아 줄 것이라고 말한다. 그는 우선 껍데기는 아니라고 말한다. 다른 말로 하면 시대 상황은 그때그때 변하므로 껍데기를 잡고 있어 봐야 아무 소용이 없다는 것이다. 따라서 껍데기가 아닌 정신적인 것을 계

승해야 한다고 말한다.[6]

　이기백의 주장은 좋은 전략이기는 하나 문제는 정신적인 것의 내용이다. 어떤 내용이 미래 상황이나 위기에 도움이 될 수 있는가? 그는 전통이란 결국 현재에 있어서의 전통이라고 말한다. 즉 전통이란 현재의 문제를 해결하는 데 도움이 되는 한, 혹은 현재의 위기를 다루는 데 쓰임이 있는 한 채택된다는 것이다. 그렇지 않다면 왜 전통을 들여다보겠는가. 법고창신도 마찬가지이다. 그럼 미래에 도움이 될 만한 현재나 과거의 것은 무엇일까? 미래의 구체적인 상황을 예측하기 어렵다면 어떤 전략이 바람직한가? 이에 대해 전통을 일종의 능력으로 파악하자고 사학자 김철준은 제안한다.

　김철준은 우리 전통에 많은 잠재 능력이 있는 것은 사실이지만 그것을 새로운 생활 능력으로 전환하지 못한 채 그 전통 의식만 강조하면 그 전통에서 오는 허상이나 착각 때문에 새로운 문화 능력의 획득에 방해된다고 주장한다. 그는 전통 의식 대신에 전통의 잠재 능력, 문화 대신에 문화 능력이란 말을 쓰고 있다. 진일보한 것이라 생각한다. 능력은 무엇인가를 할 수 있는 힘을 말하는 것으로 단순한 의식이나 정신을 가리키는 것이 아니다.[7] 즉 전통 문화가 있다면 그것이 지금의 생활 능력으로 전환되어야 한다는 의미이다. 미래 대비에도 마찬가지이다. 구체적인 미래 상황을 지금은 알 수 없으므로 능력을 키우는 것이 더 나아 보인다.

물론 어떤 능력을 어떻게 키우는가는 어려운 문제이다. 전통에 관한 지식이 아무리 많다 해도, 또 전통 의식이 아무리 확고하다 해도 그런 것들이 바로 창의적 능력으로 전환되지 않는다. 그런 이유에서 김철준은 전통 의식이 아니라 문화 능력이 요구된다고 말한다. 그런데 김철준의 지적대로 이 능력은 부분적인 게 아니라 전반적인 것이어서 그 획득에는 많은 어려움이 따른다. 이렇게 본다면 문화 능력을 키우는 일은 결코 만만한 일이 아니다. 요즘 많은 사람들이 하고 있는 것처럼 문화 강좌를 듣고, 박물관에 가고, 문화재를 사랑하는 마음을 키우고, 역사책을 열심히 읽고, 문화에 대한 글을 쓴다고 해서 문화 능력이 배양되지는 않는다. 이런 것보다 훨씬 전반적인 일이기 때문이다.

그런데 여기에서 좀 더 근본적인 질문을 던져 보자. 〈면면히 이어져 오는 전통이 있는가〉 하는 물음이다. 정신적인 것이든 눈에 보이는 것이든 그런 것이 존재한다면 전통 문화를 이어받아 발전시켜 후세에 물려주는 것이 가능할지도 모른다. 하지만 이런 것이 존재조차 하지 않는다면 혹은 존재할 수 없다면 전통 문화 논의가 무슨 의미가 있겠는가?

우리는 암묵적으로 전통이 있는 것처럼 전제하고 이야기를 진행시키고 있다.[8] 하지만 과연 그런 것이 있을까? 이에 대해 비트겐슈타인은 〈전통이란 누구나 채택할 수 있는 것이 아니다; 어떤 사람의 마음에 들 때 그가 집어들 수 있는 한 가닥의 실이 아니다. 이는 우리들의 조상들을 고르는 것이 불가능한 것과 마찬가지이다. 전통이 없어서 그것을 갖고 싶어 하는 사람은 불행한 연인과 같다〉고 말한다. 즉 전통은 한 가닥 실이 아니어서 어느 것이 전통이라고 꼭 짚어 말할 수 없다는 것이다.

그는 조상 고르기에 비유하고 있다. 조상을 고르려면 어떻게 해야 하나? 족보를 보면 일목요연하게 파악할 수 있을 것 같지만 족보는 수많은 관계를 편리하게 보여주는 극히 일부일 뿐이다. 아버지는 그 부모를 갖고 있고 그 부모는 양쪽으로 부모를 갖고 있으며 그 부모도 역시 양쪽으로 부모를 갖는다. 이런 식이라면 그의 말대로 불가능할 것이다. 따라서 우리는 특정 조상을 갖고 있다고 말하기보다는 세대를 거치면서 후손들이 생겨난다고 하는 것이 더 적절할 것이다. 따라서 특정한 조상이 없는데 그것을 갖고 싶어 한다면 연인을 갖고 싶으나 갖지 못해서 불행한 연인과 마찬가지가 된다. 우리가 바로 이런 처지에 놓여 있는 것이 아닐까. 특정한 전통 문화를 갖기 원하지만 실제로는 갖지 못해서 불행한 것이 아닐까.

그는 또 이렇게 말한다. 〈우리는 우리의 수(數) 개념을 우리가 실을 자을 때 섬유를 꼬아 만들 듯이 연장한다. 그런데 실의 강도는 그 어떤 섬유 하나가 그 실의 전체 길이를 관통해 지나감에 있는 것이 아니라, 많은 섬유들이 서로 겹침에 있는 것이다. 마찬가지로 우리들은 이렇게 말할 수 있을 것이다: 그 전체 실을 어떤 것 하나가 관통해 지나가고 있다, ─ 즉 이 섬유들의 중단 없는 겹침이 그것이다.〉 전통을 관통하는 게 있다면 그것은 중단 없는 겹침뿐이라는 설명이다. 전통을 꿰뚫는 하나의 것은 없다.[9] 나는 이 말에 동의한다.

전통 문화를 들여다보는 이유는 앞서 말한 대로 현재나 미래의 위기를 대처하는 기술을 찾기 위해서이다. 미래를 예측하기 어렵기 때문에 과거나 지금의 것으로 미래에 대비하는 것이다. 나는 어느 구름에서 비가 내릴지 모르기 때문에 다양하게 준비하는 것이 바람직하다고 본다. 여기에서 다양하다는 것은 동서고금뿐 아니라 학문의 분야도 가리지 않는다는 뜻이다. 이슬람의 엄격한 율법이 미래 사회에 유용한 무기가 될 수도 있고 생물학의 신체 리듬이 미래 위기를 해결할 기술이 될 수도 있다. 다양한 분야에서 준비를 하되 어느 하나 수준에서 문제가 있어서는 안 될 것이다. 어설프게 아는 것보다 더 해로운 것이 없기 때문이다. 즉, 천박해서는 안 된다.

지금 우리나라는 미래의 먹을거리를 찾으려 애쓰고 있다. 먹을거리라는 표현 자체가 천박해 보이는데 미래의 위기를 해결할 기술이나 미래에 승리할 수 있는 무기라고 해야 더 적절할 것이다. 고유섭이 문화는 무기라고 말한 것은 바로 지금과 같은 상황에 딱 맞는다고 할 수 있다. 일본은 『해체신서』로 시작된 난학이 결국 근대화의 훌륭한 무기가 되었고, 조선은 유학이 혁신의 무기가 되었다. 누가 난학이나 유학이 시대를 바꾸는 무기가 될 줄 알았겠는가. 고유섭의 지적대로 조선은 새로운 무기를 마련하지 못했기에 비운을 피할 수 없었다. 아직도 문화를 뮤지컬 감상이나 시 낭송의 밤 참석 정도로 여기는 사람들이 꽤 많이 있다. 이것은 예술 감상에 속할 것이나 무기로서의 문화는 아니다. 전통 문화에서 한 가닥 실을 찾으려 하지 말고 무기가 될 만한 무엇인가를 찾아야 할 것이다.

문화 강국

한국이 강대국은 아니지만 문화만은 역사적으로 뛰어났다는 말을 듣곤 한다. 그런데 정치, 경제, 군사적으로는 강대국이 아니지만 문화만은 강대국이 될 수 있을까? 우리가 태국이나 라오스의 문화에 영향을 받았거나 받고 있다고 생각하는 사람은 아마 거의 없을 것이다. 하지만 프랑스는 다르다. 프랑스는 미국이나 중국과 같은 우리의 주요 교역국도 아니며 독일처럼 우리나라에 많은 채권을 가지고 있는 것도 아니다. 하지만 우리는 프랑스 하면 문화를 떠올리고 대우를 해준다. 왜 아프리카나 동남아시아 그리고 이슬람 국가에 대해서는 프랑스처럼 대우하지 않는가? 아마도 이들 국가는 강대국이 아니기 때문일 것이다.

G7에 참가하는 국가에 대해서는 강대국으로 인정하고 무엇이든 좋게 보아 주려는 성향이 있다. 이런 성향은 그리 부자연스럽지 않다. 왜냐하면 강대국은 정치, 경제, 군사뿐만 아니라 문화에서도 보통 앞서 있기 때문이다. 이때 문화라는 것은 물론 좁은 의미의 예술 등을 말하는 것이다. 올림픽의 메달 순위에서도 선진국이 보통은 앞에 있다. 왜냐하면 문화는 총체적인 것이어서 부분을 따로 떼어서 고찰할 수 없기 때문이다. 즉 유기체

처럼 모든 분야가 연결되어 있고 서로가 서로에게 영향을 미치기 때문이다.[10] 정치가 변하면 경제, 종교, 풍습, 예술 등 거의 모든 방면에서 영향을 받는다. 예를 들어, 왕정에서 민주주의로, 사회주의 계획 경제에서 시장 경제로 바뀐다면 예술도 영향을 피할 수 없을 것이다. 문화는 토양이라 할 수 있는데, 어떤 작물이 잘 되느냐는 씨의 종류 못지않게 토양에 달려 있다. 사람들은 백남준이 계속 한국에 있었다면 세계적인 예술가가 될 수 있었겠느냐는 물음을 던진다. 아무리 재능이 있다고 해도 풍토가 다르고 토양이 다르다면 피어날 수 없다는 뜻일 터이다.[11]

문화 우위의 증거로 중국이 자주 등장한다. 이민족이 중국을 정복했지만 결국 한족의 문화에 동화되었다는 것이다. 군사적 힘보다는 문화의 힘이 크다는 주장이기에 우리에게도 희망을 준다. 한국과 같이 작은 나라도 문화적으로는 강국이 될 수 있다는 뜻이니까. 하지만 역사적 사실을 보면 이 역시 의심이 간다. 이민족은 침략 이전에 이미 중국화 되어 있었기 때문이다. 어느 날 갑자기 초원에서 불길처럼 일어나 군사적으로 정복은 하였으나 시간이 지날수록 중국 문화에 동화되었다는 얘기는 역사적 사실과 거리가 있다. 한 연구는 〈금 조정은

1137년부터 중국 역법을 채용하고, 1138년에는 과거 제도를 정비하고, 1139년에는 조정에서 황제와 관리들의 중국식 복장과 송 음악을 포함하여 황제를 알현하는 중국의 전범들을 도입했으며, 1140년에는 공자를 기리는 황실의 종묘를 건축했다. 이 모든 일은 송과 공존의 협약을 체결하기 한참 전에 일어났다〉고 보고한다. 이것이 사실이라면 금나라는 송나라 침공 전에 이미 문화적으로 중국화 되어 있었다. 이것은 요나라도 마찬가지였고,[12] 청나라 역시 예외가 아니었다.

하지만 이민족이 중국을 침공하기 전에 중국 문화를 흡수했다는 사실에 주목해 보자. 그들은 중국 문화가 자신들의 것보다 더 낮다고 생각해 열심히 배웠을 것이다. 즉 물길을 내려 무던히 노력했을 것이다. 그리하여 중국과 거의 같은 수준에 이르렀다는 판단이 든 후에 중국을 침공했을 것이다. 단순히 군사의 수가 많다거나 장비가 더 우수하다거나 전투 경험이 풍부하다거나 등의 군사력만으로 중국 정복에 성공했다고 보기는 어렵다. 왜냐하면 부단한 노력 끝에 문화 전반에서 거의 같은 수준에 올라왔다는 것에 군사적인 판단도 포함되기 때문이다.

앞서 말한 대로 문화는 군사, 정치, 경제보다 상위 개념이다. 이 모든 것의 총합이고 어떤 의미에서는 총합

이상이다. 비슷한 전력을 가진 두 개의 야구팀이 있다고 할 때 승패를 가르는 것은 두 팀의 문화적 차이이다. 어떤 팀이 더 서로를 격려하고 책임을 명확히 하는지, 혹은 선수 관리를 어떻게 하는지 등이 팀의 문화 차이라고 할 수 있다. 이런 것들은 계량화되는 것은 아니지만 보이는 전력보다 더 중요한 힘으로 작용하는 경우는 흔하다. 즉 팀의 전력과 팀의 문화의 합이 그 야구팀의 경쟁력이다. 물론 이때의 문화는 좁은 의미로 쓰인 것이다. 팀워크와 비슷한 의미이다. 이 경우 문화는 곧바로 무기가 된다.

국가도 마찬가지이다. 눈에 보이는 지표와 보이지 않는 힘의 합이 국가의 경쟁력이다. 중국의 이민족은 두 가지 모두가 중국과 거의 대등하거나 중국보다 우월하다고 판단했을 때 공격했던 것이다. 그런데 문화는 이 둘을 모두 포함하는 개념이므로 문화 강국이라는 말은 곧 일반적 의미의 강대국이다. 우리는 강대국이 아니므로 문화 강국도 아니다.

3
한국 문화의 뿌리
가족 유사성으로 본 한국 문화

한국산 휴대폰과 미국산 또는 중국산 휴대폰의 차이는 무엇일까? 미국의 기술과 일본의 부품이 많이 투입되는 한국산 휴대폰은 외형이나 성능 면에서 다른 나라의 것과 거의 차이가 없어 보인다. 미국산이나 중국산도 마찬가지이다. 어느 것에서도 그 나라만의 문화나 특색을 느끼기는 힘들다. 문제는 오로지 〈어느 것이 더 좋으냐?〉일 뿐이다. 기능과 가격에서 차별화되는 것이지 나라별 개성은 없다.

이 시대는 그런 시대이다. 국제화는 국가 간의 장벽을 허물고 협업의 시대를 열었다. 전혀 새삼스럽지 않다. 공산품만 그런 것은 물론 아니다. 예전 1970년대까지만 해도 축구는 유럽과 남미가 양분하고 있었다. 실력도 비슷했지만 그때까지만 해도 유럽 축구는 팀워크를 남미

축구는 개인기라는 특징에서 분명히 구별되었다. 하지만 마라도나의 유럽 진출 뒤에는 두 대륙이 섞이기 시작했다. 지금은 수많은 남미 선수들이 대부분의 시간을 유럽 클럽 팀에서 보낸다. 그리고 4년에 한 번씩 조국의 유니폼을 입고 월드컵에 나간다. 이제는 대륙별, 국가별 특성은 거의 사라졌다. 같은 클럽 팀 선수가 다른 국가의 유니폼을 입고 뛰니 자연스럽다고 할 수 있다. 문제는 여기에서도 역시 〈어느 팀이 더 강한가?〉이다. 이런 시대에 한국적인 문화를 탐색하는 것이 무슨 의미가 있을까? 그리고 과연 그런 것이 존재하는가? 유력한 후보인 샤머니즘에서 시작해 보자.

샤머니즘

황석영의 소설 『손님』은 황해도 진지노귀굿의 얼개를 빌렸다고 하는데 마무리도 해원을 기원하는 굿으로 장식한다. 아마도 굿을 한국 특유의 것이라 여겼기에 작가가 이런 장치를 하지 않았나 생각한다. 굿에서 형식을 빌려 오거나 모티브를 찾기란 어렵지 않다. 하지만 나는 굿으로 대표되는 샤머니즘을 한국 특유의 것으로 보는 것은 표피적이라 여긴다. 사람들은 한국에 유교, 불교, 도교 그리고 기독교가 들어왔어도 언제나 바탕에는 샤머니즘이 있었다고 주장한다. 그리 잘못된 주장도 아니다. 하지만 샤머니즘을 무질서 대응 방식의 하나라고 보는 것이 더 설득력이 있다.

문화는 무질서에서 질서를 확보해 가는 과정이라 할 수 있는데 문화권마다 이 방식이 다르다. 샤머니즘은 동북아시아에서의 무질서 대응 방식이었다. 왜 유교 등이 들어와 융성했음에도 샤머니즘은 사라지지 않았는가? 이에 샤머니즘이 바탕이라고 주장하는 것은 적절하지 않다. 왜냐하면 유교 등은 질서의 세계이고 샤머니즘은 무질서의 세계이기 때문이다. 무질서의 세계는 아무리 질서의 세계가 세력을 넓혀도 근본적으로 제거되지 않는다. 황석영도 학살을 다룬 위의 소설에서 합리적인 해결책을 제시하지 못하게 되자 굿으로 가버렸는데 이는 자연스러운 현상이다. 질서가 다하는 곳에서 무질서가 시작되기 때문이다.

문화학자 최준식 등이 쓴 『한국을 다시 묻다』는 한국사를 통틀어 그래도 상대적으로 변하지 않고 지금까지 흘러온 것이 있다면 무교밖에 없기 때문에 이 사상의 핵심을 아는 것은 대단히 중요하다고 적고 있다. 또한 이 책은 겨레나 겨레얼을 중시하기는 하되, 그에 해당하는 어떤 〈불변의〉 본질적인 것이 있다는 식의 본질주의적 입장을 피하고자 한다고 쓰고 있다. 즉 한국사를 관통하는 불변의 것이 있다는 주장은 받아들이지 않지만 무교가 거의 그런 역할을 했다는 것이다. 무교에 대한 입장은 단호해 보인다. 그리고 이렇게 한국적 정신을 반영하고 있는 개념들을 잘 전승해 온 종교가 있다면 단연 무교라고 말하면서 중요한 것은 이 무교는 단군 이래로 한번도 절멸되어 본 적이 없으나 기층의 종교였기 때문에 기록이 제대로 남아 있을 수가 없었다고 주장한다. 즉 유교나 불교 등이 엘리트적인 종교인 반면 무교는 기층의 종교였기에 기록이 미비할 뿐 단 한 번도 끊어진 적이 없다는 것이다. 이런 주장이 사실일지도 모른다.

그러나 나는 이 주장이 문화의 보편적인 면을 간과하고 있다고 본다. 무교가 지금도 활발한 것은 사실이고 역사적으로도 그랬을 것으로 짐작한다. 그런데 무교는 〈문화는 새로운 질서를 무정형의 자연에 끊임없이 부여하여 성립한다〉는 문화의 본질에 비추어 보면 질서와 무질서 중에서 무질서에 속한다. 역사적으로 보면 우리나라뿐 아니라 거의 모든 문화가 무질서를 몰아내고 질서를 넓히는 작업을 해왔다고 할 수 있다. 애초에는 무질서가 훨씬 컸다.

2012년 6월 말, 샌프란시스코에서 구글 어스의 개발자 브라이언 매클랜던이 구글 개발자와 대중 매체를 대상으로 연례 강연 연사로 나섰다. 그는 〈여기에 용이 나타남〉[1]이라는 표현을 언급하면서, 이것은 옛날 사람들이 지도를 그릴 때 경계가 어디인지를 모를 경우 지도를 보는 사람들에게 〈여기는 가지 마세요. 절벽으로 떨어질지 모릅니다〉라고 말하기 위해 썼던 문구라고 설명했다. 그는 구글의 목표가 지도에서 가능한 한 많이 용을 제거하는 것이라고 말했다. 이 말이 인류 문화의 역사를 잘 표현하고 있다. 가능한 한 많이 용을 제거하는 것이 구글 지도의 목표인 것처럼 문화도 가능한 한 많이 무질서를 제거하는 것을 목표로 해왔고, 지금도 마찬가지이기 때문이다. 무교는 무질서를 담당해 왔다. 그리고 무질서가 사라지지 않기 때문에 무교의 생명력도 유지되고 있는 것이다. 이것은 지배층과 기층의 문제가 아니다. 지배층도 무교에 의지해 왔다. 조선 시대 왕도 가뭄이 심하면 자신의 부덕의 탓으로 돌리고 기우제를 지냈다. 문화에는 질서와 무질서의 전쟁이 항상 있어 왔다. 이것은 모든 문화의 공통점이다.

국문학자 김열규의 『동북아시아 샤머니즘과 신화론』(2003)을 보면 흥미로운 점이 있다. 제목이 말해 주듯이 이 책이 다루는 지역은 동북아시아이다. 저자는 동북아시아는 한반도를 비롯해서 일본 열도, 만주, 러시아의 연해주 그리고 중국 북방, 나아가서는 중부 시베리아를 포괄하는 광막한 지역이라고 연구 대상 지역을 밝힌다. 흥미로운 것은 중국이 빠져 있다는 것이다. 중국 북방을 다룰 뿐 중국의 소위 중원은 다루지 않고 있다. 한국, 중국, 일본 삼국은 한 묶음으로 작동하는 것이 보통인데 샤머니즘 연구에서만큼은 중국의 중원은 포함하지 않고 있다. 아마 그 이유는 중국에서 샤머니즘이 차지하는 비중이 미미하기 때문일 것이다.[2] 만약 중국의 샤머니즘이 활발했거나 활발하다면 논외로 할 이유가 없지 않겠는가. 이것은 중국에서는 무질서를 다른 방식으로 처리했다는 사실을 의미한다. 즉 중국은 무질서를 도교나 『주역』 등을 통해 다루었던 것으로 보인다.[3] 중국의 샤머니즘에 대한 태도를 알려 주는 한 사례를 보자.[4] 990년 송나라에서 고려로 사신을 보냈는데 한 달이 넘도록 조서를 받지 않았다. 이에 대해 왕에게 글을 보내 빨리 조서를 받으라고 독촉했다. 그 글에서 고려의 풍속은 음양과 귀신에 대한 일을 믿어 꺼리는 것이 매우 많아, 조정의 사신이 이를 때마다 꼭 좋은 달에 길한 날짜를 가린 뒤에야 예식을 갖추어 조서를 받곤 한다고 말한다. 중국은 샤머니즘을 무시했던 것으로 보인다.

김열규는 같은 책에서 샤머니즘은 이제 인류 종교사에 정식으로 또 본격적으로 편입되어야 한다고 주장한다. 또 그 신비 체험도 마찬가지의 규모에 걸맞는 발언권을 행사할 수 있어야 하고 국지적이고 기이한 미신이나 주술에 그칠 수 없다고 주장한다. 그리고 문화·사회적인 위상 그리고 정신적인 차원이 협동해서 인간이 창조해 낸 문화적이면서 아울러서 종교적인 〈원형〉으로서 평가받아 인간과 문화를 푸는 열쇠 구실을 단단히 도맡아야 한다고 결론을 맺는다. 한마디로 샤머니즘의 보편성이 인정받아야 한다는 것이다.[5] 하지만 위에서 본 바와 같이 샤머니즘은 인류가 무질서를 처리해 온 수많은 방법 중 하나일 뿐이다. 동북아시아를 제외한 다른 지역에서는 각자의 방식과 기술로 무질서를 처리해 왔고, 지금도 그렇게 다루고 있다. 문화가 질서와 무질서가 교차하는 지점에서도 발생하는 것은 자연스럽다. 무질서도 문화의 일부이기 때문에[6] 생활 양식에 당연히 영향을 미쳤다. 거의 모든 문화에서 무질서의 예로 공통으로 등장하는 것은 운명,[7] 운,[8] 죽음,[9] 신비, 소음 등이다. 이 중 소음은 생소해 보인다. 음악이 질서라면 소음은 무질서에 속한다. 굿 소리는 음악보다는 소음에 가깝다.

흔히 샤머니즘은 신명이나 신기가 그 중심이라고 말

한다. 한국 문화의 특징으로 거론되는 흥이 바로 그것이다. 하지만 신명은 한국만의 특징인가? 『한국을 다시 묻다』는 이 상태는 망아경이라서, 그저 꽉 막힌 질서의 상태를 의미하지 않고 그 속에는 무질서를 지향하는 자유분방함이 있다고 주장한다. 자유분방하니 해학도 흘러넘치지만 냉철한 이성이 없다고 주장한다.

하지만 무아경에 빠지는 것이 꼭 신령의 강림을 통해서만 이루어지는 것은 아니다. 독서삼매경이라는 말이 있듯이 여러 경로로 도달할 수 있다. 브라질의 축제, 일본의 마츠리, 유럽의 광적인 여러 축제들이 바로 이런 망아경을 실현하는 기회이다. 축제는 보통 난장판이다. 이날만큼은 무질서가 허용되기 때문이다. 무질서도 문화의 한 부분으로 작동하기에 이런 축제일 즉 무질서의 날을 거의 모든 문화가 갖고 있다. 따라서 신명이 우리나라만의 특성일 수는 없다. 다른 나라, 다른 문화권의 사람들도 다 신명이 있다. 특별히 우리나라만 신명이 체질화되어 있다고 할 근거를 찾을 수 없다.

기분이 좋고 흥이 나면 누구나 열심히 일하고 즐겁게 논다. 그리고 무질서이기에 당연히 이성이 결여되어 있다. 따라서 신명이 〈무질서를 지향하는 자유분방함〉으로 가는 것은 너무도 당연하다. 더욱이 자유분방함은 남미 사람을 따라가기 힘들지 않을까. 그들은 우리보다 한 수 위로 보인다. 따라서 위 책에서 서술하듯, 〈만일 우리에게 원형적인 정신이 있다면 그것은 현대 무교를 관통하고 있는 신명, 신기 같은 정신 혹은 상태라 할 수 있고 단군 이래로 한국사를 관통해서 도도하게 지속적으로 흘러 왔다고 상정해도 크게 틀리지 않을 것〉이라는 주장을 받아들일 수 없다. 어느 문화에서나 질서와 무질서의 대립과 공존이 있었고, 무질서는 이성적이지 않기 때문에 언제나 감성, 신명과 연결되어 있었기 때문이다. 아폴론과 디오니소스의 대조는 세계 어디서나 보편적이다.[10]

한국인은 즉흥 연주를 좋아하고 짜인 음악보다는 흥에 취해 마음을 따라 발산하는 음악을 좋아한다는 말이 있다. 아마도 어느 정도는 사실일 것이다. 하지만 이런 현상도 한국만의 현상이 아닐 뿐더러 현재에 국한된 것도 아니다. 이런 현상은 이미 고대 중국에서 볼 수 있다. 『장자』의 천운편이 그것이다. 이에 대한 주석에서 영국의 중국 철학 연구자 앵거스 그레이엄은 연주를 세 가지로 나누는데 그중 세 번째가 즉흥 연주이다. 즉흥 연주란 질서와 방종의 이분법을 벗어난 최종의 완벽한 연주로, 청자는 멜로디와 리듬이 더 이상 구별되지 않는 하나의 전체 속으로 이끌려 들어간다. 이는 모든 감각이 작동할 태세를 갖추었지만 아직 들리는 게 없는 정적으로, 음악이 생겨난 궁극의 침묵으로 다가가게 되는 것이라 한다. 그레이엄은 이것이 합리적이고 도덕적인 판단을 과감하게 포기할 때에만 가능하다고 말한다. 이 분류에 따르면 자유분방한 한국의 신명은 자유롭고 자연스러운 연주에 가까울 것이다. 하지만 무질서가 혼돈을 의미하는 것은 아니라는 점에 유의할 필요가 있다.[11] 혼돈은 질서와 무질서의 뒤엉킴에 가깝다. 신명은 혼돈이 아닌 무질서의 표현이며 이는 다른 문화에서도 찾아볼 수 있는 일반적인 현상이다.

그럼 샤머니즘이 미래의 무기가 될 수 있을까? 위에서 살펴본 바와 같이 샤머니즘은 무질서를 처리하는 하나의 방식이다. 따라서 무질서에 대한 대처 방식이 미래에 바뀐다면 샤머니즘은 설 자리를 잃을 것이다. 그런 징조는 이미 나타나고 있다. 무당이나 점쟁이의 힘이 몇십 년 전과 비교해도 눈에 띄게 약화되어 이제는 마음의 위로나 심리적 안정의 방편으로 여겨지고 있다. 게다가 서양의 타로 등이 운세를 대신하기도 한다. 이제 사람들은 무질서에 대한 대처 방식의 많은 부분을 보편적 종교에서 찾고 있고, 날로 발달하는 과학도 무질서의 영역을 점차 줄이고 있다. 이 때문에 미래에는 샤머니즘의 비중이 현저히 줄어들 것으로 보인다. 특히 과학은 융을 지도 밖으로 완전히는 아니더라도 상당히 눈에 띄게 밀어낼 것이다. 복잡계의 영역이라는 뇌, 기후, 경제 등에서 발전을 가져온다면 무질서는 어느 정도 질서의 세계로 편입될 것이다.

물론 운이라든가 운명과 같은 문제에서는 뚜렷한 진전을 기대하기는 어렵다. 이 분야야말로 무질서의 자장이 강력하기 때문이다. 복잡계는 그래도 어느 정도의 질서를 갖고 있다는 것을 우리가 알고 있지만 운은 여전히 질서를 허락하지 않고 있기 때문이다. 여기에서 의미의 추구가 시작되고, 사람들은 절대자를 맞이하든지 체념하든지 아니면 불가지론에 빠지든지 그것도 아니며 냉소주의자가 될 것이다. 이 모든 것이 결국 의미 추구와 연결되어 있고, 이 영역에서 샤머니즘이 여전히 살아남을 가능성이 있다. 하지만 무기가 되지는 못할 것이다. 무기가 될 수 있으려면 효력이 뛰어나서 다른 문화권의 사람들에게도 깊은 인상을 남겨야 하는데 역사적으로 중국에도 영향을 끼치지 못한 것으로 보아 앞으로의 가능성은 별로 없어 보인다.

동북아시아의 샤머니즘이 서양에 알려진 것도 이미

100여 년이 훌쩍 넘었다. 그들은 샤머니즘을 학술적인 연구 대상으로 삼았을 뿐 자신들의 생활 안으로 끌어들이려고 하지 않았다. 따라서 미래에 샤머니즘이 우리에게나 다른 나라에서 무기가 될 가능성은 매우 낮아 보인다. 물론 샤머니즘이 우리나라에서 사라지지는 않을 것이다. 생활에서 흔적을 유지할 것이고, 무질서 대처 방식이라는 보편적 성격에 주목한다면 작가들의 상상력의 세계를 보다 풍요롭게 해줄 수도 있다. 즉 단순히 과거에 존재했던 종교적 원형이라고 여기지 않고 살아서 작동하고 있는 무질서의 세계라고 본다면 한국 문화에 활력이 될 수도 있는 것이다. 그리고 여기에서 성공한다면 무기가 될 가능성도 열려 있다.

가족 유사성

네 개의 그룹이 있다고 하자. 1그룹은 a, b, c, d, e로 구성되었고 2그룹은 a, c, f, g, h로, 3그룹은 m, f, h, i, j로 그리고 4그룹은 i, j, w, k, n으로 구성되었다고 하자. 이 경우 1그룹과 2그룹이 서로 닮았고(a, c가 공통), 2그룹과 3그룹이 서로 닮았으며(f, h가 공통), 3그룹과 4그룹이 서로 닮았다(i, j가 공통). 그런데 1-3그룹, 2-4그룹, 1-3그룹, 1-4그룹은 서로 닮은 데가 없다. 이럴 때 네 개의 그룹이 가족 유사성(家族類似性)을 띤다고 말한다.

예를 들어, 한 가족이 겉보기에는 모두 닮은 것 같은데, 실제로는 구성원 간에 부분적으로만 겹칠 뿐 모두에게 공통적으로 동일한 부분은 없는 것과 같다. 즉, 〈몸집, 용모, 눈 색깔, 걸음걸이, 기질 등등 한 가족의 구성원들 사이에 존재하는 다양한 유사성들은 겹치고 교차한다〉. 비트겐슈타인은 한 가족이라고 해서 모든 구성원에게 공통적인 요소가 존재한다고 생각하면 잘못이라고 말한다.[12] 가령 눈이 크다는 것이 가족 모두에게 해당한다고 하면 안 된다는 것이다. 위의 네 그룹에 공통되는 요소는 하나도 존재하지 않았다. 하지만 우리는 그들이 서로 닮았다고 여긴다.

문화도 마찬가지이다. 신라, 백제, 고구려 삼국 문화에 공통적인 것이 있다고 생각하지 말고 가족 유사성을 적용하는 것이 적절하다. 그리고 삼국, 고려, 조선의 문화에도 가족 유사성이 적용된다. 고려의 불교 문화와 조선의 유교 문화 사이에 공통적인 것이 있다거나 있어야만 한다는 식의 접근보다는 두 문화를 가족 유사성의 관점에서 보는 것이 낫다.

우리는 무리를 해서라도 삼국, 고려, 조선, 근대 심지어 현대에 이르기까지 모든 시대를 관통하는 공통적인

것이 있다고, 혹은 있어야만 한다고 믿고 있다. 비트겐
슈타인은 사실을 보라고 주의를 환기한다. 고려의 탱화
와 조선의 산수화에 어떤 공통점이 있는가? 공통점이
있어야 한다고 생각하지 말고 실제로 두 작품을 보고 공
통점이 있는지 살펴보라는 것이다. 또 임진란을 경계로
조선을 전기와 후기로 나누면 전후기는 무척 다르다고
한다. 이 경우는 그래도 유학이라는 큰 틀에서 공통점을
찾기가 조금 나을지도 모르겠다. 하지만 먼저 사실을 보
라고 비트겐슈타인은 말한다. 그는 보통 이런 문제들에
직면한 사람들을 다음과 같이 표현한다. 〈백이 흑으로
되면, 어떤 사람들은 말한다: 「본질적으로는 여전히 똑
같다.」 그리고 다른 사람들은, 색깔이 조금 더 어두워지
면, 이렇게 말한다: 「완전히 변했다.」〉 백이 흑으로 변한
경우가 고려가 조선으로 바뀐 경우에 해당될 것이고, 색
깔이 조금 더 어두워진 경우가 조선의 전후기의 비교에
해당될 것이다.[13]

한국 문화의 특징을 정(情)이라고 해보자. 그럼 이 특
징을 한국의 모든 시대에 적용하고자 하는 것은 위에서
본 바와 같이 비트겐슈타인은 아니라고 한다.

나는 가족 유사성이 한국 문화의 지평을 넓히는 데 기
여하리라 생각한다. 한 가지 혹은 몇 가지 특성으로 한

국 문화를 규정하면 그것 외에는 한국 문화의 지평에서 사라지기 때문이다. 넓은 길을 놔두고 굳이 좁은 외길을 찾아갈 필요는 없을 것이다.

사람들은 문명 교류사적인 한국사가 필요하다고 외치면서도 여전히 한국 문화의 DNA를 해명하려 한다. 이제는 핏줄에 의한 생물학적 DNA를 부정하지만 문화적 DNA는 여전히 주장하고 있는데 그 요체는 대체로 보아 문화적 기억이다. 역사학자 김기봉은 자신이 한국인인 이유는 부모가 한국인이라기보다는 내 머릿속에 한국인이라는 문화적 기억이 주입돼 있기 때문이라고 말하면서 21세기 세계화 시대에 국경을 넘어선 이주가 많아지면서 점점 정체성을 형성하는 인자가 생물학적 유전자에서 문화로 바뀌고 있다고 말한다.[14] 그리고 결론에서 21세기 한국사는 민족사적인 아(我)와 비아(非我)의 투쟁의 역사가 아니라 문명 교류사적인 문화적 기억을 상기하는 역사 서술을 해야 한다고 말한다. 옳은 말이다. 그런데 민족 중심이 아닌 문명 교류사적 문화적 기억을 주입하려면 가족 유사성에 바탕을 두지 않으면 안 될 것이다. 왜냐하면 문명 교류사란 다름과의 교류를 뜻하기 때문이다.

우리 문화 형성은 다른 문화를 받아들여 우리 것으로

만들고 그 문화가 또 다른 문화에 의해 대체되는 과정을 반복하는 과정이었다. 외래문화와의 부단한 교섭이 없었다면 한국 문화는 성립하지 못했을 것이다. 따라서 모든 시대의 문화를 관통하는 공통의 것이 있다는 것은 앞서 말한 대로 상정하기 어렵다. 대신 사실을 있는 그대로 보아야 한다. 문화적 기억이란 비슷하게 보이면서도 다른 문화들, 그리고 다르게 보이지만 비슷하게 보이는 문화들의 겹침과 교차에 의해 생성되는 것이다. 그것이 사실이다. 우리는 그동안 너무 동일성 혹은 같음, 공통적인 것에 집착해 왔다. 이제는 여기에서 벗어나 가족 유사성으로 옮겨가야 한다. 가족 유사성은 다름과 같음을 모두 포용하여 비슷함을 만들어 내고 동시에 구별 짓게도 하기 때문이다.

한국 문화의 문화적 기억이라고 하면 공통적인 것이 먼저 떠오르기 쉽다. 이에 반해 문명 교류사적 문화적 기억이라고 하면 가족 유사성이 적합할 것이다. 주몽을 예로 들어 보자. 주몽은 〈나이 겨우 일곱에 용모와 재략이 비범했으며, 스스로 활과 화살을 만들어 백 번 쏘아 백 번 맞추었다. 나라의 풍속에 활 잘 쏘는 사람을 주몽이라 하였으므로 이로써 이름을 삼았다〉고 한다. 왕의 아들들과 신하에 쫓기게 되었을 때 〈주몽은 오이(烏伊)

등 세 사람과 벗을 삼아 떠나 엄수(淹水)에 이르러 물에게 알려 말하였다. 「나는 천제의 아들이자 하백의 손자이다. 오늘 도망치는데 뒤쫓는 자들이 가까이 오고 있으니 어떻게 하면 좋겠는가?」 그러자 물고기와 자라가 다리를 만들어 건너게 한 다음 다리를 풀었으므로 뒤쫓던 기병은 건너지 못하였다.〉 주몽의 이야기는 지금 한국이 양궁 강국이기에 더욱더 한국적인 것으로 보일 수도 있다. 한민족은 원래부터 활을 잘 쐈다는 것이다. 그것은 동쪽 오랑캐란 뜻의 동이(東夷)의 〈이(夷)〉가 활 쏘는 모습에서 나왔다는 주장에 의해 더욱 강화된다.

하지만 역사언어학자 크리스토퍼 벡위드는 〈신화와 전설에 따르면, 비록 사실은 아니라 할지라도, 중앙유라시아 지역에서 거대 왕국을 건설했던 이들은 이와 같은 영웅 모델을 따른 경우가 많았다. 선사 시대부터 역사 시대 초기에 이르기까지, 청동 시대의 히타이트와 중국 주나라가 그러하였고, 고대의 스키타이와 로마, 오손(烏孫)과 고구려가 그러했으며, 중세의 투르크와 몽골, 르네상스 및 계몽군주 시대 준가르도 그랬다〉고 말한다. 즉 고구려 건국 신화는 프랑스에서 고구려에 이르는 중앙유라시아 지역의 공통된 신화라는 것이다. 활은 최초의 이야기에 등장하여 줄곧 계속되고 이야기의 핵심 요

소도 변형되거나 불완전하기는 해도 유지된다고 한다.[15]

주몽 이야기가 중앙유라시아에서 공통적이라는 것은 그와 함께 도망한 〈세 사람의 벗〉으로도 확인할 수 있다. 이 세 벗은 코미타투스라고 할 수 있는데 〈고대 중국어나 그리스어 자료 곳곳에서 보이는, 중앙유라시아 전체로 파급되었던 코미타투스 시스템은 곧 중앙유라시아 문화 복합체의 가장 근본적인 양상〉이라고 할 수 있기 때문이다. 〈코미타투스는 목숨을 걸고 주군을 지키기로 맹세한 주군의 친구들로 구성된 전투 부대이다. 기본적인 코미타투스와 그들의 맹세는 스키타이 때부터 존재했다〉고 한다. 주몽 이야기에 등장하는 세 사람의 벗을 코미타투스로 해석해도 무리는 없을 것이다.

고구려의 문화가 고구려만의 문화라든가 고구려적인 문화로 해석되려면 매우 많은 작업을 거쳐야 할 것이다. 전반적으로 그리고 근본적으로 고구려 문화는 중앙유라시아 문화 복합체에 속하는 것으로 보이기 때문이다. 즉 고구려적인 문화가 아니라 고구려 안의 문화라고 하는 편이 낫다. 불교와 도교를 받아들여 중국식 문화로 전환한 후의 고구려는 그전의 고구려와 가족 유사성은 있을 터이지만 동일성을 갖지 못할 것이기 때문이다. 불교 수용 이전 시대의 문화는 중앙유라시아 문화 복합체와 가족 유사성을 가졌을 것이고 이후의 문화는 중국 문화와 가족 유사성을 가졌을 것이다. 물론 그것이 고구려적인 문화를 형성했었을 수도 있다.

이제 좁은 길이 아닌 각양각색의 것이 섞이고 섞임 속에서 새로운 것이 생성되는 광장으로 나아가야 한다. 일본의 영화감독 구로사와 아키라가 좋은 예가 될 수 있을 것이다. 그는 영화 「라쇼몽」(1950)으로 베니스 영화제 그랑프리를 탔을 때 자신의 영화가 영화제에 출품된 사실조차 몰랐다고 한다. 출품은 그 영화를 본 한 이탈리아인에 의한 것으로 자신은 수상을 아닌 밤중에 홍두깨 같은 일이었다고 회상한다. 게다가 영화 「라쇼몽」은 일본적인 것을 나타내려는 의도가 애초에 없었다. 그는 이 영화를 통해 〈인간은 자기 자신에 대해서 솔직하게 말하지 못한다. 허식 없이는 자신에 대해 말하지 못한다. 이 시나리오는 그런 허식 없이는 살아갈 수 없는 인간이라는 존재를 그렸다. 아니, 죽어서까지 허식을 완전히 버리지 못하는 인간의 뿌리 깊은 죄를 그렸다〉고 말한다. 즉 일본적인 것이 아니라 인간에 대한 보편적 고찰이 그가 의도한 바였다. 그리고 미적 관점에서도 일본적이지 않다. 그는 〈당시 나는 영화가 토키 시대에 들어가면서 무성 영화의 장점과 그 독특한 영상미를 어디선가

놓치고 있다는 생각에 왠지 초조해하고 있었다. 다시 한 번 무성 영화로 돌아가서 영화의 원점을 찾을 필요가 있었다. 특히 프랑스의 아방가르드 영화의 정신에서 다시 배울 점이 뭔가 있을 거라고 생각했다〉고 회고한다. 그는 자신이 하고픈 것을 하기 위해 프랑스 영화에서 배웠고 일본의 고전에서도 배웠다. 한마디로 자신이 하고픈 것을 하기 위해 동서고금을 막론하고 배운 것이다. 그리고 그 영화는 자신도 모르게 해외 영화제에 출품되고 수상한 것이다. 이는 봉준호 감독 역시 마찬가지이다. 2020년 아카데미 감독상 수상 연설에서 마틴 스콜세지 감독을 통해 영화를 배웠고, 〈가장 개인적인 것이 가장 창의적인 것이다〉라는 스콜세지 감독의 말을 항상 가슴에 새기고 영화를 만들었다고 밝힌다. 나는 이것이 우리가 취해야 할 태도라고 생각한다.

한국 문화의 독창성

뉴욕 자연사 박물관의 홀 끝에 한 무리의 동양인이 나타나면 말소리가 들릴 때까지 어느 나라 사람인지 알기 매우 어렵다. 밖에서 볼 때 한국인은 중국, 일본 두 나라 사람과 별로 달라 보이지 않는다. 그리고 생활 양식도 미국과 별로 달라 보이지 않는다. 이 점을 부인하기는 힘들

것이다. 즉 밖에서 보면 우리는 생김새는 중국이나 일본과 흡사하고, 생활 양식은 미국과 흡사하다는 것이다.

물론 반론도 있다. 아무리 유사해도 한국적인 것이 있다는 것이다. 즉, 정신이나 심리와 같은 내면은 다르다는 주장이 그것이다. 여기에는 효, 정, 공동체 등이 거론된다. 물론 그런 면이 있을 것이다. 하지만 한국과 조선, 한국과 미국을 비교해 보자. 외모는 몰라도 생활 양식에서는 분명 유사성 면에서 후자가 더 크다. 지금의 한국은 민주주의와 시장 경제를 토대로 하는 체제이다. 이 점에서 미국과 거의 일치한다. 체제의 토대가 일치한다는 것은 토대에서 파생되는 것들도 일치할 가능성이 매우 높다는 것을 의미한다. 정신도 체제의 틀을 벗어나기 힘들다. 지금 우리의 정신세계를 장악하고 있는 것은 조선 시대의 충효나 군자, 종묘사직이 아니라 개인의 행복, 자아실현 등이다. 이런 정신적 특성은 분명 미국의 것에 가깝다.

일본도 똑같은 문제에 맞닥뜨렸던 것 같다. 모든 것이 서양의 모습으로 바뀌어 가니 정신에서 일본적인 것을 찾으려 했다.[16] 앞서 나왔던 유현과 모노노아와레도 이에 속한다.[17] 문화적으로 열등감을 느끼고 있던 일본인들은 일본적인 무언가를 찾아내려 했던 것이다.

우리도 별로 달라 보이지 않는다. 가을 하늘. 옛날에 한국의 자랑으로 소개되었다. 외국인에게 한국에서 인상적인 것을 물으면 가을 하늘이라 했다. 하지만 지금 한국인이든 외국인이든 이렇게 말하는 사람은 없을 것이다. 왜냐하면 그럴 필요가 없기 때문이다. 다른 나라의 하늘도 아름답다는 것을 알고 있으며, 굳이 자랑거리로는 가을 하늘을 거론할 필요가 없기 때문이다. 옛날에는 그만큼 한국의 자랑거리가 없었다.

그럼 지금 한국 문화에서 가장 내세우는 것은 무엇인가? 아마도 한글일 것이다. 자랑거리가 되기 위해서는 독창성이 있어야 한다. 물론 문화는 앞서 살펴본 바와 같이 항상 다른 문화와의 접촉을 통해 수용, 변화, 창조되는 것이다. 하지만 영향을 받았지만 거의 새롭게 만들었다면 더 좋을 것이다. 한글은 이런 기준에 딱 들어맞는다. 우선 한글은 창제자가 확실하다. 불교가 한국에서 창조적 수용 과정을 거쳤다 해도 그 독창성을 어느 한 사람, 한 집단에 귀속시키기는 매우 어렵다. 유교도 마찬가지이다. 하지만 한글은 세종이라는 확실한 창제자가 있다. 물론 도운 사람들이 있었지만 이는 부수적이다. 또 한글이 고어를 참고했지만 글꼴에 있어 거의 유일하다. 이렇다면 독창적이라 할 수 있어 자랑거리가 될

만하다.[18]

그런데 독창성에는 우월성이 은연중에 내포되어 있다. 어떤 영화가 독창적이라는 말은 특이하다 혹은 이해할 수 없다는 의미로 해석될 수도 있으나 보통은 수준이 높고 창조성이 있다는 의미이다. 한글을 자랑거리로 내세울 때에는 한글은 고유의 것일 뿐 아니라 뛰어나다는 말을 하고 싶은 것이다. 따라서 한글이 우수하다는 근거는 매우 흔하게 들을 수 있다. 배우기 쉽다, 표음문자이므로 표기 못하는 음이 없다[19] 등과 같은 초급 단계에서 시작하여 과학성, 예술성, 디지털 시대의 적합성, 그리고 인간의 지(知)를 넓힌 혁명이라고 하는 고급 단계까지 다양한 평가가 있다.[20] 대단히 흡족한 일이다. 글자로서 알파벳이나 한자보다 더 훌륭할 수도 있겠다.[21] 하지만 글자만으로 언어가 구성되는 것은 아니다. 언어는 보통은 말과 글로 이루어진다. 그렇다면 한국어는 다른 말보다 더 훌륭한가?

한 언어가 다른 언어보다 더 훌륭하다거나 더 낫다는 평가가 가능한지는 의문이다. 언어란 음성이나 문자로 생각이나 느낌을 나타내거나 전달하는 수단과 체계라고 정의한다. 그렇다면 수단으로서의 역할을 잘하면 좋은 언어가 될 것이다. 그럼 나에게 가장 좋은 언어는 당연히 모국어인 한국어이다. 나의 생각이나 느낌의 세밀한 구석과 미묘한 어감의 차이를 모국어보다 더 편하고 잘 표현할 수 있는 외국어는 없다. 그런데 이것은 모든 사람에게 해당될 것이다. 일본인에게는 일본어가, 중국인에게는 중국어가 가장 편하고 좋을 것이다. 그렇다면 한글이 다른 언어보다 뛰어나다는 것은 도대체 무슨 의미인가? 중국어가 표의문자이지만 그 탓에 인터넷에 뒤졌다거나 문명이 뒤졌다는 말을 들어 본 적이 없고 한자의 예술성이 떨어진다는 말 역시 들은 적이 없다. 또한 한자의 발명이 인간의 지 확장에 지대한 공헌을 했다는 것은 부인하기 어려울 것이다.

나는 언어를 비교해 평가한다는 것은 생물학적으로도 적절하지 않다고 생각한다. 왜냐하면 인간의 뇌 발달과 언어는 분리할 수 없기 때문이다. 자크 모노는 〈인지적 기능의 발달은 출생 이후 이뤄지는 피질의 성장에 의존하는 것이 분명하다. 그런데 언어의 습득은 이러한 피질이 후성적으로 발달하는 동안 이뤄지기 때문에, 언어와 인지적 기능이 그토록 긴밀하게 연관되는 것이다. 언어와 그것이 나타내는 인지를 내성(內省)에 의해서 서로 분리해 낸다는 것이 대단히 어려울 정도로 이 둘의 연관은 긴밀하다〉고 말한다. 그는 언어 습득이 유아기 몇 년 사이에 이루어지는데 이때 뇌의 발달과 언어 습득이 천을 짜는 것처럼 서로에게 영향을 미친다고 주장한다. 천의 씨줄과 날줄이 엮이는 것처럼 긴밀히 섞여 있기 때문에 이렇게 형성된 모국어는 몸의 일부라고 보아도 무방할 것이다. 따라서 〈주지하다시피 성인이 되어 제2의 언어를 배우려면 체계적이고 지속적인 노력과 의지가 필요하다. 물론 이렇게 배우게 된 언어의 수준이란 태어나면서 자발적으로 습득한 언어에 비해서는 언제나 거의 열등한 정도지만 말이다〉라고 말할 수 있게 된다.

모든 사람이 모국어에서 벗어나지 못한다면 언어의 우열을 가르는 것이 과연 가능한 것인가? 어떤 언어가 생각과 느낌을 전달하는 수단과 체계로 적합한지를 객관적으로 평가할 수 있는지 의심을 하게 된다. 왜냐하면 누구를 대상으로 실험을 하든 그 사람은 이미 모국어를 갖고 있기 때문이다. 그 사람이 외계인이어도 마찬가지일 것이다. 그 외계인도 모국어를 갖고 있을 테니까.

나는 한국어가 편하고 좋지만 어떤 언어가 다른 언어보다 더 뛰어나는 주장은 받아들이기 어렵다. 따라서 한글이 독창적이기는 하지만 한국 문화의 자랑이라는 주장에는 동의하기 힘들다.[22] 하지만 〈훈민정음〉이 뛰어난 문화재라는 것에는 흔쾌히 동의할 수 있다. 문자 창제 과정을 엄밀하게 밝히는 책은 아마도 유례가 없을 것이기 때문이다.

한글 논의에서 드러났듯이 나는 배타적인 한국적 특성이 존재한다고 생각하지 않는다. 가족 유사성의 틀에서 논의를 하는 것이 더 적절하다고 생각한다. 가족처럼 닮은 면이 존재할 것이다. 그렇다고 해서 개성이 없다는 것은 물론 아니다. 비트겐슈타인은 〈모든 예술가는 다른 사람들로부터 영향을 받으며, 이러한 영향의 흔적을 자기의 작품 속에서 보여 준다. 그러나 우리가 그에게서 얻는 것은 그럼에도 불구하고 오직 그 자신의 개성일 뿐이다. 다른 사람들로부터 유래하는 것은 단지 껍질들일 수 있을 뿐이다. 그것들이 거기에 있다는 사실을 우리는 조심스럽게 취급해야 하겠지만, 그것들이 우리의 정신적 자양분이 되지는 않을 것이다〉라고 말한다. 여기에서 〈예술가〉를 〈문화〉로 바꾸어 보자. 그럼 〈모든 문화는 다른 문화로부터 영향을 받으며, 이러한 영향의 흔적을 자신의 문화 속에서 보여 준다. 그러나 우리가 그 문화에서 얻는 것은 그럼에도 불구하고 오직 그 문화의 개성일 뿐이다. 다른 문화들로부터 유래하는 것은 단지 껍질들일 수 있을 뿐이다. 그 껍질들이 우리 문화에 있다는 사실을 우리는 조심스럽게 취급해야 하겠지만, 그것들이 우리 문화의 자양분이 되지는 않을 것이다〉가 될 것이다.

나는 이 노선을 따르고자 한다. 즉 다른 문화의 영향과 그 흔적을 인정하고 조심스럽게 다뤄야 하겠지만 우리의 개성이 존재하고, 설사 결과물이 다른 문화와 아주 흡사하다 해도 여전히 우리의 개성이라는 것이다. 이런 작업을 주체적으로 해나가는 것이 중요하다. 스스로 많은 노력 끝에 지동설을 알게 되었다고 해보자. 그런데 다른 사람이 똑같은 것을 이미 알고 있었다. 그렇다고 해서 자신의 노력으로 알아낸 것이 무효화되지는 않을 것이다. 노력하는 과정을 포함해 결과물까지 모두 자신의 것이기 때문이다.[23]

한국인이 세계 무대에서 성공을 거두면 그것이 곧바로 한국의 자랑이 되고 한국의 우수함을 증명한 것처럼 말하는 것은 시대에 뒤진 생각이다. 만약 성공한 경우가 있다면 그것은 개인의 것이지 국가의 것이 아니기 때문이다. BTS가 세계 무대에서 성공을 거두기까지 국가가 BTS에게 해준 것이 무엇이 있는지 궁금하다. 작품의 성공 여부는 개인 차원이며 여기에 국가가 개입하는 것은 바람직하지 못하다. 국가 차원에서 개인 차원으로의 이동은 이미 세계적인 추세이다.[24]

4
한국인의 가치관
지금 이 세상이 전부이다!

아직도 우리는 한국이 가족중심주의의 나라라고 생각한다. 한국 드라마가 다른 나라에서 인기를 끄는 이유 중 하나도 다른 나라에서는 점차 사라져 가고 있는 가족의 가치를 구현하기 때문이라는 주장이 있을 정도이다. 즉 한국에서 가족이라는 가치는 절대적인 것처럼 여겨지고 있다는 것이다. 그런데 이런 주장이 과연 사실과 부합할까? 유감스럽게도 그렇지 않다는 통계가 있다.

2006~2013년 통계에 의하면 가족 살해가 전체 살인에서 차지하는 비율이 한국은 5퍼센트, 영국은 1퍼센트, 미국은 2퍼센트라고 한다. 미국의 2.5배에 달한다.[1] 이 통계는 물론 조심스럽게 해석되어야 할 것이다. 하지만 그토록 가족을 중시한다는 한국이 총기 소지가 허용되고 개인주의적이라는 미국보다도 훨씬 높다는 것은 아

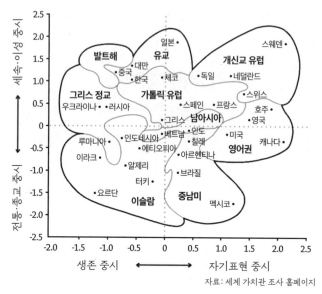

그림 1 2015년 세계 문화 지도

무래도 한국의 가족중심주의에 회의를 품게 한다. 과연 한국인은 무슨 생각으로 이 시대를 살고 있는가? 다른 나라와 비교할 때 어떤 위치에 있는지를 알아야 우리 자신을 보다 분명하게 볼 수 있을 것이다. 그럼 먼저 세계 문화 지도를 보자.

세계 가치관 조사 홈페이지에 〈2015년 세계 문화 지도〉가 있다. 이 그림은 전 세계 사람들의 가치관을 크게 두 개의 축으로 해석했는데 세로축은 전통적 가치 대 세속합리적 가치의 긴장을 보여 준다. 이때 전통적 가치는 종교, 부모와 자식 간의 유대, 권위와 전통적 가치에 대한 존중 등을 말하며 이런 가치관을 가진 사람들은 이혼, 낙태, 안락사, 자살에 반대하는 경향이 강하고 이런 가치관이 지배하는 나라들은 국가적 자부심과 국가주의 성향을 보이는 경우가 많다고 한다. 그와 정반대로 세속합리적 가치가 강한 사회에서는 종교나 전통적 가족 가치, 권위 같은 것들을 그다지 중시하지 않는다고 한다. 이혼, 낙태, 안락사, 자살 등을 너그럽게 바라보는 경향이 있다는 것이다.

이에 반해 가로축은 생존적 가치 대 자기표현적 가치의 긴장을 보여 주는데 생존적 가치는 경제적이고 물리적인 안전을 중시하며, 자민족중심주의 경향이 강한 편이어서 신뢰와 관용의 수준이 낮다고 하며 그 반대인 자기표현적 가치는 환경 보호, 외국인이나 성적 소수자에 대한 관용, 양성 평등 등을 중시하며, 정치적·경제적 영역의 의사결정에서 참여 요구가 높다고 한다.

그럼 이 그림에서 한국은 어떤 위치를 차지하고 있을까? 이에 대해 사회학자 장덕진은 한국은 강한 세속합리성과 강한 생존적 가치의 조합(혹은 강한 세속합리성과 낮은 자기표현적 가치의 조합)이라는 특징을 갖고 있는데 한국보다 현저하게 강한 세속합리성을 갖는 나라는 스웨덴 등 소수의 북유럽 국가들과 일본 정도밖에 없으며 중국이나 일부 발틱 국가들도 한국보다 강한 세속합리성을 보이지만 큰 차이가 아니어서 통계적 검증을 보면 오차 범위 안에 있을 수도 있다고 해석한다. 즉 강한 세속합리성과 낮은 자기표현성이 한국 가치관의 특징이라는 것이다. 일본은 우리보다 세속합리성과 자기표현성에서 모두 높게 나와 있고 중국과 타이완은 우리와 가까운 위치에 있으나 미국은 저 멀리 떨어져 있다. 라트비아, 에스토니아 등 발틱 국가들은 의외로 우리나라와 가까이 있다.

세속합리성

이 그림에 주목하는 이유는 우리의 모습을 보다 객관적으로 보고 싶기 때문이다. 우리는 부모와 자식 간의 유대가 두텁고 권위와 전통적 가족 가치를 존중한다고 스스로 평가하는 경향이 있다. 한국은 유교의 영향으로 가족을 중시하고 권위를 존중한다고 하며 한국 드라마는 다른 나라에서는 사라진 가족의 가치를 담고 있기에 한류가 일어났다는 주장도 있다. 하지만 위의 문화 지도를 보면 이는 사실이 아닌 것으로 보인다. 한국은 매우 높은 세속합리성을 보이고 있고, 오히려 미국이 우리보다 미국이 훨씬 보수적이다. 즉 가족이나 종교, 권위, 이

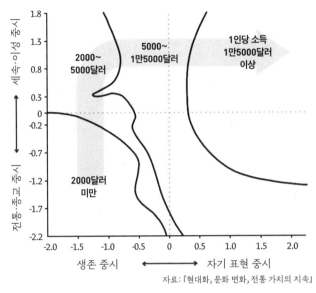

자료: 『현대화, 문화 변화, 전통 가치의 지속』

그림 2 65개 국가들의 경제력과 가치관

혼, 낙태 등에서 훨씬 보수적이라는 것이다. 실제로 미국을 경험한 사람들은 미국이 의외로 보수적이라고 말하며, 나 역시 미국에 관해 이런 평을 종종 들어 온 것도 사실이다. 우리가 생각하는 자신의 모습은 밖에서 보는 모습과 많은 차이가 있다는 것을 알 수 있다.

자기표현성

장덕진은 그림을 하나 더 제시한다(그림2). 그것은 〈65개 국가들의 경제력과 가치관〉인데 소득이 증가하면 앞의 가치관들에 어떤 변화가 일어나는지를 보여 준다.

그는 가난한 나라일수록 전통적이고 생존적인 가치관을 가지는데 반해, 아주 부유한 나라들은 세속합리적이고 자기표현적인 가치관을 가진다고 분석한다. 여기에서 주목을 끄는 점은 소득이 1만 5,000달러를 넘어서면 거의 예외 없이 모든 나라에서 자기표현적 가치가 높아지는데 한국만이 예외라는 것이다. 이상한 것은 1인당 GDP 1만 3,254달러였던 1996년에서 2만 7,000달러가 넘은 최근까지 한국인의 자기표현적 가치관은 전혀 늘지 않고 있다는 점이다.

앞서 2015년에 만들어진 〈그림1〉을 보면 한국은 거의 20년 가까운 세월을 아무런 변화 없이 같은 자리를 지키고 있다. 1981년의 가치관과도 별 차이가 없으니 30년간 가치관 변화 없이 지냈다고 할 수 있다. 1981~1996년 기간 동안 변화가 없었던 것이 주로 일찌감치 높아진 세속합리성 때문이라고 한다면, 1986~2015년 동안 변화가 없는 것은 자기표현적 가치관이 늘어나지 않았기 때문이다. 한마디로 한국인의 가치관은 오래 세월 동안 요지부동하게 제자리를 지켜 왔다고 분석할 수 있다. 다시 말해서, 한국은 아주 특이하게도 경제가 발전했어도 자기표현성은 매우 낮고, 경제적·물질적 안전을 자기표현보다 우선한다는 것이다.

그는 이 사실을 한국에 안보와 성장을 중시하는 물질주의자들이 많은 반면, 개인의 발전과 자유, 정책 결정에 대한 시민 참여, 인권과 환경을 중시하는 탈물질주의자는 적다는 뜻으로 풀이하면서 그 원인에 대해서는 전쟁의 경험을 빼놓을 수 없다고 말한다. 탈물질주의적 가치의 대척점에 있는 물질주의적 가치는 성장과 안보를 무엇보다 강조하기 때문이다. 즉 한국은 끔찍한 전쟁을 겪었을 뿐 아니라 아직도 북한이라는 위험천만한 군사력과 대치 상태에 있기 때문에 안보를 우선시하는 경향이 강하다는 분석이다. 그리고 원인을 하나 더 추가하는데 그것은 경제 성장[2]으로 인한 대가이다. 그는 빠른 성장은 필연적으로 거품을 동반하는데, 한국의 경우 이 거품은 자산의 80퍼센트를 차지하는 부동산에 주로 몰려 있다고 분석한다. 성장이 둔화된다는 것은 곧 거품이 꺼진다는 뜻이고, 거품이 꺼지면 자산의 80퍼센트인 부동산이 주저앉게 된다. 이 때문에 한국인들은 그것이 거품이든 무엇이든 계속해서 성장하길 요청했고, 그 결과 성장은 안보와 더불어 물질주의적 가치의 핵심축이 되었다는 것이 그의 진단이다.

다른 나라와 비교할 때 드러나는 한국인의 가치관을 살펴보았다. 세속적이고 자기표현성이 낮으며 경제 발전에도 불구하고 다른 나라와 달리 자기표현성은 정체를 보인다는 것을 알 수 있다. 그리고 그 원인도 제시해 보았다. 하지만 이것으로 한국인의 가치관의 바탕을 드러냈다고 보기에는 충분하지 않다. 안보나 부동산 등은 자기표현성이 낮은 원인 중 하나로 보이며, 왜 한국인이 생각보다 훨씬 세속적인지에 대해서는 분석이 더 필요해 보인다. 여기에는 보다 철학적인 고찰이 필요하다.

그럼 높은 세속합리성과 낮은 자기표현성의 바탕이 되는 생각이나 세계관은 무엇일까? 나는 현세주의라고 여긴다. 현세주의는 〈지금 이 세상이 전부이다〉라는 한마디로 표현할 수 있다. 즉, 사후 세계는 없고, 눈에 보이는 것만 믿는다. 나름 합리적이다. 지금 이 세상밖에 없으므로 살아 있는 동안 최대한 즐겨야 하며, 어떻게든 이 세상에서 잘 살아야 한다고 생각한다. 이런 관점에서는 종교나 전통적 가치에 충실할 필요가 없다. 종교는 기본적으로 사후 세계를 전제하고 이 세상을 사후 세계로 가는 과정으로 여기기 때문이다. 즉, 이 세상보다는 저세상에 중심을 두게 되고 물질적인 것보다는 정신적인 것에 관심을 쏟게 된다.

반면 이 세상밖에 없다고 생각한다면 설령 종교를 갖더라도 그것은 이 세상의 삶에 도움이 되어야 한다. 즉 지금 이 세상의 삶에 도움이 되는 범위 안에서 종교를 갖는다는 것이다. 전통적 가치도 마찬가지이다. 이 세상의 삶에 도움이 된다면 기꺼이 전통적 가치를 받아들이고 옹호한다. 하지만 도움이 되지 않는다면 언제라도 버릴 수 있다. 지금 잘 사는 데 도움이 되는 것이라면 그것이 이혼이든 낙태든 심지어는 자살이라 할지라도 받아들일 준비가 되어 있다. 구질구질하게 사느니 차라리 죽겠다는 마음가짐에는 저세상에 대한 고려가 전혀 없어 보인다. 높은 세속합리성은 현세주의로 충분히 설명 가능하다.

그렇다면 낮은 자기표현성도 현세주의의 결과로 볼 수 있는가? 나는 그렇다고 생각한다. 자기표현성이 낮은 이들은 대개 정치적 문제에 자기표현을 잘 하지 않고 경제적·물질적 안전을 중시한다. 다시 말하면, 민감한 문제에 나서지 않는다. 국민 소득이 크게 늘었지만 한국만이 예외적으로 자기표현성이 낮은 것은 지난 100여 년의 역사가 그 답을 줄 것이다. 조선의 망국, 일본의 지배, 해방의 혼란, 전쟁의 소용돌이, 독재 체제, 좌우파의 이념 대립 등 지난 역사를 겪으면서 사람들은 중간에 있는 것이 최선이라는 사실을 알게 되었다.[3] 모난 돌이 정을 맞으며 가만히 있으면 중간은 간다는 사실을 뼈아픈 체험을 통해 체득한 것이다. 여기서 중용이 최선이라는 믿음이 강화된다. 세상은 언제 어떻게 바뀔지 아무도 모르고, 자신의 신념을 믿고 앞장섰다가는 언제 피해를 볼지 모른다. 그러니 나서지 말라. 즉, 남들이 하는 것 보고 사람이 많은 쪽으로 슬며시 옮겨가는 것이 합리적인 행동이다. 이것이 쓰라린 체험의 축적을 통해 얻은 교훈이다.

이런 체험을 통해 사람들은 믿을 것은 돈밖에 없다는 사실을 알았다. 돈이 있으면 위기가 닥쳐도 모면할 수 있다는 사실을 경험을 통해 안 것이다. 〈유전무죄〉라는 말이 괜히 생기고 확산된 것이 아니다. 이러한 역사적 배경에서 낮은 자기표현성이 나왔다는 것은 전혀 이상할 것이 없다. 나는 낮은 자기표현성을 자기중심주의에 가깝다고 여긴다. 개인의 지위나 명예, 무사안일과 행복만을 추구하는 경향이나 태도이다. 남이야 어떻게 되든 우선 자신을 챙기는 것이 먼저다. 괜히 나서서 손해 볼 필요가 없고 돈으로 거의 모든 것이 해결 가능하므로 어떻게든 돈을 모아 자신의 행복을 추구하면 그만인 것이다.

침잠

해방 후와 한국 전쟁 중의 대량 학살,[4] 광주 학살과 독재 정권의 고문 등은 사람들의 마음에 심한 상흔을 남겼다. 까닥 잘못하면 친구라도 자신의 목숨을 빼앗을 수 있다는 충격적인 경험들은[5] 쉽사리 밖으로 표출될 수 없었을 것이다. 표출하는 순간 또 다른 불이익이 기다리고 있는 시대가 계속되었기 때문이다. 물론 지금은 많은 것이 바뀌었지만 마음의 상흔이 하루아침에 사라질 리는 만무하다.

겉으로 드러나지는 않지만 깊이 가라앉거나 숨은 상태가 침잠이다. 한국인은 감정을 잘 드러낸다고 하는데 사실이 아니다. 한국 사람들이 순간적으로 욱한다거나 쉽게 화를 낸다고 하는데 아마도 그것은 위장 감정일 것이다. 자신의 감정을 숨기는 방법 중 하나는 누구나 쉽게 수긍할 수 있는 공식화된 감정으로 진짜 감정을 가리는 것이다.[6]

국가 권력에 의해 막심한 피해를 본 사람에 대해 우리는 흔히 한이 많이 쌓였다고 말한다. 하지만 한이 진짜 감정일까? 사회와 국가에 대한 분노와 증오, 그리고 자신의 무력함에서 오는 좌절감이 진짜 감정이 아닐까. 그런 진짜 감정을 드러내면 더욱 힘들어지는 것이 현실이기 때문에 피해자들은 자신의 감정을 숨기는 것이다. 고문에 의해 가족을 잃거나 누명을 쓰고 간첩으로 몰렸거나 눈 뜨고도 사기를 당했으나 부자를 상대로 패소할 수

밖에 없었던 사람들의 감정을 한으로 간단히 처리하는 것은 사회적 체계가 그런 것을 암암리에 권했기 때문으로 볼 수도 있다. 그것은 진정한 치유책을 회피하는 것이다. 한을 풀어 주는 것이 아니라 정의를 실현해야 근본적으로 치유가 된다. 하지만 이는 매우 힘들고 위험하기에 당사자들은 표현하지 않거나 가짜 감정으로 자신마저 속이는 쪽을 택한 것이다.

마음의 침잠이 한국인의 인생관에 큰 영향을 끼치지 않았다면 오히려 그게 더 이상할 것이다. 아무리 국민 소득이 늘어도 마음의 침잠에는 변화가 없다. 그 마음을 숨긴다면 겉으로는 변화가 없어 보이기 때문이다. 마음의 침잠은 한국인의 인생관에 그늘을 드리우고 말았다. 물론 어두운 그늘이다. 현세주의의 특징인 〈지금 이 세상이 전부이다〉라는 구호에 충실하려면 상당 부분은 즐거운 인생과 연결될 것이다. 역시 한 번뿐인 인생, 그리고 지금 이 세상이 전부라면 기왕이면 즐겁게 사는 것이 합리적이지 않은가. 하지만 우리에게는 항상 어두운 그림자가 따라다닌다. 마음의 침잠에서 벗어나기 힘들다.

〈한〉이 자연 식물이라면 〈정의〉는 인공 식물이다. 인공 식물은 모두가 의도적으로 힘을 합쳐 돌보지 않으면 죽고 만다. 자연 식물은 사람이 돌보지 않아도 알아서 살아간다. 사람이 방해만 하지 않으면 되는 것이다. 한이란 참담한 일들을 통해 자연스럽게 생긴다. 왜냐하면 분노와 좌절감을 제대로 표출하지 못하면 자신도 모르게 침잠하여 한이 생기기 때문이다. 따라서 한은 마치 전통의 한 부분처럼 여기는 경우까지 생겨났다. 하지만 이런 감정은 자연스러울지는 몰라도 가짜 감정이라고 앞에서 말했다. 우리는 정의라는 인공 식물을 공들여 가꿀 때가 되었다. 정의는 의도적으로 가꾸지 않으면 곧 사라져 버리고 마는데 지금 우리는 한으로 분노와 정의를 가리고 있다. 이런 문화는 건강하지 못하다. 건강하지 못한 문화는 경쟁력이 없고 미래 무기로서의 역할도 하지 못할 것이다. 정의가 인공 식물임을 다시 한번 인식하고 정의를 실현함으로써 침잠에서 빠져나와야 한다.

그럼 현세주의가 추구하는 인생은 구체적으로 어떤 것인가? 나는 현세주의도 여느 인생관과 마찬가지로 잘 사는 것을 기본으로 한다고 생각한다.[7] 먼저 한국인이 생각하는 행복이 무엇인지 살펴보자.

행복과 그 조건

한국의 1세대 철학자 김태길은 아리스토텔레스가 인생의 궁극 목적이 행복eudaimonia[8]이라고 말했다면서,

행복을 주관적 조건과 객관적 조건으로 나누어 제시한
다.[9] 주관적 조건으로는 마음의 평화, 삶에 대하여 느끼
는 보람, 그리고 지속적 만족감 등을 제시하고 이어 객
관적 조건으로는 기본적인 생활의 안정, 건강, 자아의
성장, 공동체 안에서의 떳떳한 구실, 원만한 대인 관계
등을 제시한다. 그리고 행복과 관계 있는 다른 요인으로
운수를 들고 있다. 그러나 운수는 우리의 힘이 미치지
않기 때문에 말 그대로 운수에 맡겨 두는 것이 현명한
처사라고 말한다.[10]

　그가 제시한 행복의 조건은 상당히 평범해 보인다. 모
두 9가지 정도 되는데 이런 조건을 만족하면 행복에 가
까울 것이라는 주장이다. 이 주장은 잘 사는 것이 무엇
인가에 대한 이론, 즉 잘 살기 이론에서 보자면 객관적
목록 이론에 해당한다. 〈자신이나 자신이 사랑하는 사
람들을 위해 무엇을 원하느냐고 물어보면 기꺼이 몇 가
지를 답할 것이다. 예를 들어, 건강, 우정, 낭만적인 관
계, 즐거움과 기쁨, 행복, 성취, 지식 등. 이러한 목록에
의해 잘 살기가 고취된다고 말하는 신중한 가치 개념이
객관적 목록 이론의 한 사례이다〉라고 말한다. 물론 목
록의 내용은 제시자에 따라 다르다. 서양의 철학자들의
경우 피니스는 생명, 지식, 놀이, 미적 체험, 사회성(우

정), 실용적인 합리성, 종교 등을, 플레체는 성취, 우정, 행복, 즐거움, 자존감, 덕 등을, 머피는 생명, 지식, 미적 체험, 놀이와 일에서 탁월함, 내적 평화, 우정과 공동체, 종교, 행복 등을, 그리고 파핏은 도덕적 선, 합리적 행위, 능력 개발, 자식을 갖고 좋은 부모가 되기, 지식, 참된 아름다움의 자각 등을 제시한다.

미적 체험

김태길과 서양 철학자들의 목록을 비교해 보면 흥미로운 점을 발견할 수 있다. 서양 철학자들은 지식, 미적 체험, 종교, 덕이나 선 등을 목록에 올려놓고 있으나 김태길의 것에서는 찾아볼 수 없다. 이것이 말하는 바는 한국의 행복 조건에 정신적인 것은 거의 없다는 점이다.[11] 다시 말해서, 철학자조차 미적 체험이라든가 지식이 행복을 위해서는 반드시 필요하다고 생각하지 않는다.[12] 이런 상황이라면 한국에서 책이 팔리지 않는 현상은 충분히 이해할 수 있다. 참고서는 팔리지만 책은 팔리지 않는 원인을 알 수 있다. 이 점은 생각해 보면 이상한 일이다. 예술의 중요성, 시의 아름다움, 독서의 힘에 대해 그렇게 열심히 말하고 있지만 내심으로는 행복의 조건에서 제외시키고 있었던 것이다. 또 종교도 마찬가지이다. 그렇게 많은 교회와 사찰이 존재하지만 마음속에는 없는 것이다. 이런 의미에서 한국은 세속적이다. 앞의 세계 문화 지도에서 높은 세속합리성을 보인 것이 우연이 아니었음을 말해 주고 있다.

또 눈길을 끄는 것은 서양 철학자들의 목록에는 건강이란 항목이 없다는 사실이다. 한국인이 행복의 조건에서 건강을 빠뜨리는 것을 상상하기는 어렵다. 아무리 돈이 많아도 아무리 지위가 높고 아는 게 많아도 건강을 잃으면 천하를 잃는 것이라 생각하기 때문이다. 하지만 서양 철학자들은 아무도 건강을 목록에 포함시키지 않았다. 나는 건강에 대한 강한 관심을 현세주의의 증거라 여긴다. 종교가 잘 살기 목록에 포함되었다면 건강이 포함되지 않는 것이 자연스럽다. 종교는 이승이 아니라 저승을, 육체가 아니라 영혼을 우선하기 때문이다. 한국의 현세주의는 이승이 전부이므로 건강이 빠질 수는 없다.

건강

건강이 실제로 행복에 크게 영향을 미칠까? 건강하지 않은 사람 혹은 장애를 가진 사람은 그렇지 않은 사람보다 잘 살지 못하는가? 한 연구는 〈대다수의 사람들이 건강이 잘 살기에 중요한 요소라 생각한다. 만약에 아프거나 다치거나 장애가 생긴다면 매우 나쁜 일이다. 하지만 이런 상식은 심각한 고통이나 죽음을 야기하는 경우에는 옳다. 많은 종류의 좋지 못한 건강은 우리의 능력을 제한시킴으로써 주로 영향을 끼친다. 이 같은 문제라면 우리는 상식이 흔히 잘못이라고 믿어도 좋을 것이다. 어떤 사람이 자신의 상황에 적응할 시간을 갖기만 한다면 이런 것은 잘 살기에 상대적으로 적은 영향을 미치는 것으로 보인다〉고 주장한다. 즉 건강이 잘 살기에 미치는 영향은 우리의 생각보다 훨씬 적다는 것이다.

이 연구는 〈건강하지 않은 사람이 잘 살기에 있어 평균치보다 낮다 해도, 장애인을 옹호하는 사람들 일부는 그것은 장애 자체가 나쁘기 때문이 아니라고 논변한다. 그것이 아니라 잘 살기가 어려워지는 것은 주로 불공정한 사회적 요인 때문이다. 장애는 이런 점에서 여성, 검은 피부, 동성애와 비슷하다. 이런 특성들은 본질적으로 나쁘거나 해로운 것이 결코 아니다. 비록 우리 사회처럼 불공정하고 차별적인 사회에서는 실제로는 잘 살기를 깎아먹는 경향이 있지만〉이라고 말한다. 장애인이 잘 살기가 어려운 것은 사회적 요인 때문이고, 건강과 잘 살기의 연관은 우연이라고 지적한다. 중요한 것은 정의와 도덕성이라고 주장한다. 이런 주장에도 불구하고 한국에서 건강을 행복의 목록에서 제외하는 것은 거의 불가능할 것이다.

건강이 여성, 검은 피부, 동성애자와 같은 차별의 문제를 포함하고 있다면 이것은 한국 사회가 겉보기에만 치중하고 있다는 증거이다. 이 경우 건강은 장애 여부를 말하는 것인데 넓은 의미로 건강하지 못한 사람은 행복하지 못하다는 편견을 포함한다. 행복이 온통 겉모습에 달려 있다는 것이다. 건강은 육체의 문제이지 내면의 영혼을 말하는 것은 아니다. 한국에서 정신 건강이 영혼과 연결되어 있다고는 여기지 않을 것이다. 아파트 평수, 연봉, 학력, 해외여행, 외모 등은 한국인의 행복과 직결되어 있다. 여기에 물론 건강도 포함된다. 다 껍데기이다. 이런 점은 앞서 말한 천박과도 연결된다. 깊이가 없다. 내면의 가치를 인정하지 않는다.

흔히 한국은 체면의 문화라고 한다. 체면은 말할 것도 없이 눈에 보이는 겉모습을 의식하는 것이다. 결혼식장의 규모와 위치, 분에 넘치는 축의금, 사람의 수준을 정하는 자동차의 크기, 아이들의 서열을 정하기도 하는 아파트 평수 등 열거하자면 끝이 없을 것이다. 요컨대 한국인에게는 내면이 그렇게까지 중요하지 않은 것이다. 이런 문화라면 다른 나라에서 통하기 어려울 것이다. 내

면이 없는 껍데기만으로는 일시적으로 성공을 거둘지
몰라도 조금만 시간이 지나면 바람이 날리는 낙엽처럼
사라질 것이다. 미적 체험은 행복의 목록에서 빠지고 언
제나 건강이 그 자리를 차지하고 있는 한 한국 문화의
힘은 그리 강하지 않을 것이다.

친구

진정한 친구 하나만 있어도 성공한 인생이라는 말을
흔히 듣는다. 친구가 인생에서 중요하다는 말도 되지만
그만큼 친구를 얻기가 어렵다는 말도 될 것이다. 어쨌든
잘 살기 위해서는 친구가 필요하다는 것이다. 하지만 과
연 그런가? 한 연구는 서양에서 친구가 너무 이상화되
거나 지나치게 개념화되었으며 가장 좋은 사례들만 거
론함으로써 실제 우정을 반영하지 못한다고 비판한다.
또한 친구가 없다고 인생이 더 나빠지는 것은 아니며 혹
은 우정이 잘 살기에 필요조건도 아니라고 한다. 즉, 실
제로는 친구 때문에 인생이 엉망이 된 경우도 많이 있는
데 이런 것은 간과되었다는 것이다.

관포지교(管鮑之交)라는 아름답고 이상적인 친구 관
계를 수업 시간에 가르친다. 게다가 우정을 돋보이고자
아주 바람직한 친구 관계와 한 명의 친구도 없는 사람의

인생을 대비해 제시하는 경우도 많다. 우정이 도움이 되는 것은 당사자들의 본성과 인격에 달린 우연한 것이지 우정 자체가 객관적인 덕목은 아니다. 다시 말해서, 친구를 통해 인생에 도움이 될 수도 있고 아닐 수도 있는 것이다. 따라서 우정이 잘 사는 데 없어서는 안 된다는 주장은 지나치다고 할 수 있다. 친구라는 강박에서 벗어나야 한다. 일단 벗어난 후에 친구가 도움이 된다면 그것은 우연한 일로 받아들이면 된다. 한국에서 친구의 비중은 인생에서 너무 크다. 친구라는 이름으로 너무도 많은 것을 정당화시키고 있다. 그리고 친구 되는 것을 쉽게 여기는 경향도 있다.

하지만 친구 되는 것의 어려움은 이미 『논어』에 나타나 있다. 자한편에 〈선생께서 말씀하셨다. 함께 공부해도 같은 길을 함께 간다고는 할 수 없다. 같은 길을 함께 가도 함께 일을 한다고는 할 수 없다. 함께 일을 한다 해도 운명을 함께할 수 있다고는 할 수 없다〉는 글귀가 있다. 우리는 함께 공부하고 같이 일을 한다면 친구로 여길 것이다. 하지만 공자는 냉정히 말한다. 운명을 같이할 수는 없다고. 결국 개인 단위의 삶이라는 것이다.

그럼에도 불구하고 친구가 되려면 믿음이 필요하다고 공자는 말한다. 그는 제자와의 대화에서 자로가 〈저는 외출용 거마, 의복, 외투를 친구에게 빌려주어 다 망가뜨려도 아깝지 않을 교제를 하고 싶습니다〉라고 말했을 때 〈친구는 서로 믿으며〉라고 일러 준다. 자로는 물질적인 면을 말하고 있다. 그는 금전적 손해를 감수하는 사이가 친구라고 말하는 반면 공자는 그런 것이 아니라 믿음의 문제라고 한다.[13] 우리는 자로만 해도 충분히 진정한 친구라 여길 것이다. 금전적 손해를 감수하는 것이야말로 진정한 친구의 모습이 아닌가. 하지만 공자는 그보다 믿음이 중요하다는 것이다.

공자의 기준인 믿음을 현재에 적용해 보자. 공자는 자로의 기준을 껍데기로 본 것이다. 외출용 거마, 의복, 외투를 빌려주는 것이 친구의 척도는 아니라는 것이다. 믿음은 마음의 문제로 내면에 속한다. 즉 친구가 되려면 내면의 풍경이 맞아야 하는 것이다. 그리고 믿음이 하루아침에 생겨나는 것도 아니다. 여러 일을 겪으면서 자신도 모르게 생기는 것이 믿음이므로 친구가 되기 위해서는 상당한 시간이 필요하다. 친구의 척도가 믿음이어서 껍데기는 문제가 아니라면 나이, 빈부, 국적의 차이는 문제가 되지 않을 것이다. 한국에서는 아직도 친구와 나이가 밀접한 관련이 있다. 존경하는 선생님이나 따르는 선배는 있어도 나이 차이가 많이 나는 친구 사이는 찾아

보기 힘들다. 친구는 비슷한 또래에 형성된다는 관념이 아직도 지배적이다. 나는 여기에서 빨리 벗어나지 못하면 한국 문화는 경쟁력을 갖기 어렵다고 생각한다. 또래 친구 개념은 지금과 같은 다양한 문화, 다양한 국적의 시대에는 적합하지 않기 때문이다. 공자의 말대로 껍데기가 아닌 믿음으로 친구가 될 수 있다면 빨리 나이라는 껍데기를 벗어던져야 한다. 나이가 곧 서열이 되고 서열이 평등을 저해하는 문화로는 세계로 나아가기 어렵다.

나는 한국인이 내면적인 것에 가치를 두지 않는 문화를 지속한다면 미래에 대처하기 힘들다고 생각한다. 지금 한국 문화는 지나치게 세속적이다. 세속적인 것이 실용성으로 연결돼 경제 성장을 이루었다고도 할 수 있지만 그것도 한계에 이르렀다. 적어도 세속적인 가치와 전통적인 가치 중간에는 위치해야 한다. 한쪽으로 치우치면 미래의 여러 도전에 적절하게 대처하기가 어렵기 때문이다. 자기표현성의 문제는 지난 촛불 시위에서 드러났듯이 서서히 해결되는 국면에 들어선 것으로 보인다. 시대 환경이 바뀌었기 때문이다. 적어도 부당함을 표현하는 것에 몸을 사리지는 않게 된 것이다. 하지만 문화는 인공 식물이기에 이런 환경을 유지, 발전시키기 위해서는 당연히 노력이 필요하다.

5
한국인의 인생관
쾌락주의와 욕망 충족

예수가 전도하기 전에도, 석가모니가 불법을 전하기
전에도, 무함마드가 알라의 말씀을 전하기 전에도 사람
들은 살았고 자기 나름대로 잘 살기 위해서 애를 쓰고
해법을 찾았을 것이다.[1] 한국인도 지난 100여 년간 잘
살기 위해 무진 애를 썼으며 그 과정에서 삶의 문제에
대한 해결책을 발견하기도 했다. 하지만 나는 한국인만
의 인생관이 존재한다고는 생각하지 않는다. 즉 일본이
나 미국과는 확연히 구별되는 한국 특유의 인생관이 존
재하느냐에 대해 회의적이다. 물론 구별되는 지점들이
있을 것이다. 어떻게 일본이나 미국과 모든 면에서 일치
할 수 있겠는가. 그런 일은 같은 나라 안에서도 일어나
지 않는다. 앞의 가치관 조사에서 볼 수 있듯이 한국과
유사한 나라들이 존재하며, 이와 마찬가지로 한국인의

인생관도 다른 나라의 것과 유사할 것이다.

즐거운 인생

사후는 존재하지 않으므로[2] 지금 이 세상이 전부라는 현세주의에서 즐거운 인생을 도출하는 것은 자연스러워 보인다.[3] 즉, 이 세상이 전부라면 괴롭게 살 이유가 없지 않은가. 실패를 택할 이유는 없는 것이다.[4] 고통을 피하고 쾌락을 택하고자 하는 것은 인간의 본성에 가까운 것이 아닌가? 이런 것을 굳이 인생관이라 할 필요가 있을지 의문이 들 수도 있지만 심리적 쾌락주의와 인생관으로서의 쾌락주의는 구별할 필요가 있다.

심리적 쾌락주의는 우리가 긍정적인 경험을 기대하거나 부정적인 경험을 피하는 것이 행위 동기의 필요조건이라고 하며, 이것은 우리의 실제 행위를 기술하는 데 목적이 있다. 반면 인생관으로서의 쾌락주의는 무엇이 우리에게 좋은가를 기술하고자 한다. 둘은 다르다. 왜냐하면 우리에게 좋은 것이라 해도 우리가 언제나 그것을 하는 것은 아니기 때문이다. 다시 말해서 심리적 쾌락주의는 실제를 나타내는 것이고, 인생관으로서의 쾌락주의는 하나의 이론이다. 즉, 좋은 것을 추구하고 나쁜 것을 피해야 한다는 주장이다. 이때 좋은 것은 쾌락이며 나쁜 것은 고통이다. 따라서 고통을 피하고 쾌락을 추구하는 것이 인생관이 된다. 하지만 쾌락주의라 해서 미래보다는 지금의 쾌락을, 정신보다는 육체의 쾌락을 우선한다고 오해하면 안 된다. 미래의 안락한 삶을 위해 지금의 힘든 시간을 참고 견디는 것도 쾌락주의에 속하기 때문이다. 잘 사는 것이 쾌락을 증가시키고 고통을 감소시키는 것이라면, 더 큰 쾌락을 위해 지금의 고통을 감수하는 것 역시 쾌락주의다.

이런 쾌락주의는 우리 주변에서 흔히 발견할 수 있다. 〈노세, 노세, 젊어서 놀아〉라는 유행가 가사나 〈인생 뭐가 있느냐, 즐기는 게 최고여〉라는 푸념 아닌 푸념을 듣는 경우가 그렇다. 내일이 없는 사람처럼 마시기도 하고, 미래를 위해서 강도 높은 노동을 묵묵히 견디며 일하기도 한다. 모두 인생에서 최대의 즐거움을 산출하기 위함이다.

한국인의 인생관 속에는 쾌락주의가 있다. 이는 현세주의의 영향으로 자연스러운 결과이기도 하고 실제 모습이기도 하다. 하지만 여기에는 두 가지 문제가 있다. 하나는 가치의 문제이다. 즉, 즐거움이 좋은 것이라면[5] 동시에 그것은 가치 있는 것인가 하는 문제이다. 다시 말해서, 쾌락이 가치 있느냐는 질문이다. 위에서 심리적 쾌락주의와 잘 살기 이론으로서의 쾌락주의를 구별했다면, 이번에는 쾌락주의와 가치를 구별해야 한다. 한 연구는 인생관으로서의 쾌락주의는 가치에 대한 쾌락주의와 반드시 구별해야 하는데 가치론으로서의 쾌락주의는 오직 쾌락만이 가치가 있고 고통은 가치가 없다고 한다. 반면 인생론으로서의 쾌락주의는 쾌락은 좋은 것이기에 가치가 있다는 입장이다. 즉 〈좋은 것=쾌락〉의 등식이 성립한다. 이에 반해 가치에 대한 쾌락주의는 〈쾌락=가치〉이다.

〈좋은 것=쾌락=가치〉에서 등식 모두가 성립하면 인생에서 쾌락을 추구하는 것은 좋은 것이고 동시에 가치가 있는 것이다. 하지만 한국에서는 〈쾌락=가치〉가 의심받고 있다. 즉 〈쾌락=좋은 것〉은 받아들이지만 쾌락에 가치가 개입하는 것은 꺼린다는 얘기다. 〈인생에서 좋은 것을 추구하는 데 그것이 쾌락이다. 그런데 쾌락이 가치가 있는가?〉 이 질문에 한국인은 아니라고 답한다는 것이다. 사람이 살면서 꼭 가치를 추구해야 한다고 여기지 않기 때문이다. 가치가 없다면 그런 인생은 허무한 것이 아닌가.[6] 하지만 쾌락이 좋다. 그것으로 충분하다고 말한다면 이 또한 하나의 이론이 될 수 있다.[7] 실제로 꽤 많은 한국인이 이런 입장을 취하고 있는 것으로 보인다. 인생무상, 일장춘몽, 제행무상 등은 우리에게는 일상어이다. 인생 뭐 있느냐, 지내고 보면 별거 없다, 인생은 허무한 것이다 등은 즐거움은 좋은 것이지만 인생에 의미나 가치는 없다는 입장을 나타낸다고 볼 수 있다. 허무주의 그림자가 뒤에서 어른거린다는 것을 감지하기에 충분하다. 즐거운 인생, 지금 이 세상이 전부라는 믿음 뒤에는 가치 실종이 얼굴을 드러내지 않은 채 도사리고 있다. 언제나 즐거운 인생에서 한순간에 허무한 세상으로 떨어질 수 있다는 것이다. 가장 극단적인 사례는 자살일 것이다. 세계적으로 높은 한국의 자살률은 한국 문화 그리고 한국인의 인생관에 가치가 결여되어 있음을 말하고 있다.[8]

한국인이 가치에 별로 신경 쓰지 않는 원인은 아마도 앞서 말한 바 있는 내면세계의 빈약일 것이다. 가치란 적극적으로 만들어 부여하지 않으면 존재할 수 없는데 생성하는 곳이 바로 내면세계이다. 신이나 사후 세계에 대한 믿음은 지금 눈에 보이는 것만 믿어서는 생겨날 수 없는 것이다. 가치는 항상 사실을 뛰어넘는다. 아무리 사실을 모아도 거기에서 가치를 찾아낼 수는 없다. 가치는 이러저러하다는 것이 아니라 이러저러해야만 한다는 것이므로 전형적인 인공물이다. 우리는 이 인공물에 관심이 없다. 즐거우면 좋은 것이고 그것으로 된 것이다.

쾌락 추구 방법에 대해서는 옛날부터 논의가 활발했으나 쾌락과 가치를 연결하려는 시도는 크게 눈에 띄지 않는다. 즐거움 추구는 인생에서 버릴 수 없는 것이지만 즐거움을 추구하면 오히려 즐거움을 누릴 수 없다는 역설이 항상 주위에 있었다. 『장자』 지락편은 〈세상에 진짜 즐거움이 있을까요? 잘 산다는 게 있을까요? 지금 사람들은 무엇을 하는 걸까요? 무엇을 그만두려는 걸까요? 무엇을 피하려는 걸까요? 어디에 있는 걸까요? 어디로 가려는 걸까요? 어디서 떠나려는 걸까요? 무엇을 즐기는 걸까요? 무엇을 싫어하는 걸까요?〉라는 다소 철학적인 질문으로 시작한다. 그러고는 부자는 다 쓰지도 못할 돈을 버느라 고생고생 일하고 돈을 쌓아두는데 이런 식이 정말 즐거운 인생인가, 오래 살아도 흐릿한 정신으로 계속 걱정하며 죽지 않는 게 얼마나 괴로울까, 열사는 훌륭하다고 칭송받지만 다시 살아나지 못하니 훌륭하다는 게 정말 훌륭한 건지 모르겠다고 말한 후에 〈진짜 즐거움은 즐거움을 추구하지 않고, 진짜 명예는 명예를 추구하지 않는다〉고 매듭짓는다. 즐거움을 원한다면 억지로 하지 말라는 것이다. 억지로 즐거움을 추구하지 않아야 즐겁게 살 수 있다고 권하는 것이다. 이런 입장은 인생에는 즐거움 외에도 의미라든가 가치가 있다고 말하는 것은 아니다. 인생을 즐겁게 살고 싶다면 즐거움 추구를 인생의 목표로 삼지 말라는 것이다. 하지만 여전히 질문은 남는다. 그런 인생은 가치 있는가?

욕망 충족 인생

요즘 대세인 인생론은 〈욕망 충족 이론〉이라고 한다. 자신이 원하는 것을 얻는 것이 좋은 것이고 얻지 못하면 좌절이라는 이론이다. 욕망은 살아있는 한 존재하고 죽으면 사라진다. 따라서 욕망을 충족하려면 먼저 욕망이 있어야 하고 욕망이 있으려면 살아있어야 한다. 따라서 이 인생관은 현세주의에 속한다. 쾌락주의는 인생은 즐거움 추구라고 주장하는 반면 이 이론은 인생은 자신이 원하는 것을 얻는 것이라고 주장한다. 그것이 선이라는 것이다. 예를 들어, 프로야구 선수가 되는 것이 소원인 사람에게는 프로야구 선수가 되는 것은 쾌락의 증가 문제가 아니다. 그 자체가 꿈이고 소원이다. 목표 자체가 다르다. 마찬가지로 돈을 많이 버는 것을 원하는 사람은 아무리 부자가 되어도 돈 버는 것을 멈추지 않는다. 부자가 되어 누릴 수 있는 즐거움이 원래 목표가 아니었기 때문이다. 오히려 더 근검절약하면서 돈을 모은다. 그가 원하는 것은 부자 그 자체이다. 이런 인생관은 주변에서 흔히 볼 수 있다. 사람은 결국 하고픈 것을 해야 한다, 아무리 좋은 자리라도 싫어하면 어쩔 수 없다 등의 말을 쉽게 들을 수 있다. 행정고시를 보아서 군수가 되는 것이 꿈인 친구가 있었다. 명문대를 나왔고 또 어느 누구보다 성실하게 공부했다. 하지만 몇 번이나 시험에 실패하고 직장생활을 잠간 한 뒤에는 미국으로 가버렸다. 그 친구는 자신의 인생이 실패했다고 여긴다. 사람들은 옆에서 그 정도면 괜찮은 인생이라고 이야기를 해보지만 아무 소용이 없다. 자신이 하고픈 것을 못했기 때문이다.

　요즘 젊은 사람들에 대해 윗세대들은 눈이 높다고 말한다. 눈을 낮추면 얼마든지 일자리가 있는데도 일류 기업이나 편한 자리만을 원하기 때문에 취업이 안 된다고 한다. 아르바이트를 하면서 혹은 집의 눈치를 보면서 취업 준비생으로 지내는 것은 자신이 원하는 일자리를 갖고자 하는 욕망 때문이라고도 볼 수 있다. 일류 기업에 취직하는 것은 단순히 봉급이 많다는 것을 의미하는 것이 아니다. 그것은 자신이 원하는 것이다. 사람들은 꿈을 가지라고 하면서도 꿈을 실현하려 노력하면 현실을 보라고 충고한다. 하지만 자신이 원하는 것을 얻는 것이 좋은 것이고 잘 사는 것이라는 생각을 꺾기는 현실적으

로 어려워 보인다. 그것은 이 시대가 그런 시대이기 때문이다.[9]

한 연구에 따르면, 욕망 충족 이론은 의심의 여지없이 현대 잘 살기의 중심 이론 중 하나이다. 어떤 사람들은 〈욕망 충족 이론〉을 경제학자와 철학자 사이에서 20~21세기 가장 지배적인 이론이라고 소개하면서[10] 그전에는 이 정도의 주목을 받지 못했지만 이 이론은 20세기 중반 경제학자들 사이에 가장 깊이 뿌리를 내렸다고 말한다. 욕망 충족 이론이 이 시대의 가장 유력한 인생관이라는 뜻이다. 한국도 예외가 아닌 것으로 보인다.

그렇다면 왜 20세기, 21세기에 이 이론이 지배적 이론이 되었는가? 그것은 경제학자들의 영향이 가장 크다고 한다. 그런데 경제학자들의 영향이 커진 이유는 아마도 자본주의 경제가 삶에 끼치는 영향이 다른 시대와는 비교할 수 없을 정도로 커졌기 때문이 아닐까 한다. 노벨 경제학 수상자인 존 하사니는 선호 자치 원리를 말하는데 개인에게 무엇이 좋고 무엇이 나쁜지를 결정할 때 궁극적인 기준은 자신의 욕망과 선호만이 될 수 있다는 주장이다. 경제적인 사고이다. 물건을 살 때의 궁극적인 기준과 같아 보인다. 품질이 좋고 가격이 싸도 자신이 원하지 않으면 사지 않고 아무리 가격이 비싸더라도 자신이 원하면 사려고 한다. 그리고 항상 비교를 해서 더 좋아하는 것을 사는 것이 보통이다. 이런 태도는 비단 경제학자만 취하는 것은 아니다. 철학자 램지는 사람이 궁극적으로 욕망하는 것을 〈좋은 것〉이라 부르고, 그것들은 수적으로 측정될 수 있고 부가적이라고 가정해 보자고 제안한다. 이 가정에 따르면, 누군가 한 시간의 독서보다 한 시간의 수영을 선호한다면, 그는 한 시간의 수영 더하기 한 시간의 독서보다는 두 시간의 수영을 선호할 것이다. 램지는 좋음과 나쁨은 전혀 윤리적 의미로 쓰이지 않으며 단순히 어떤 사람이 욕망과 혐오를 느끼는 것을 나타내는 것으로 본다. 그는 좋음과 나쁨은 욕망과 혐오를 나타낼 뿐이라고 간명하게 기술하고 있다.

하지만 불교는 욕망의 소멸이 깨달음의 시작이라고 가르친다.[11] 욕망이 고(苦)를 낳는다고 한다. 한마디로 욕망 충족 이론과 불교의 가르침은 정반대에 놓여 있다. 한국 문화에서 불교가 차지하는 비중이 작다고 할 수는 없을 것이다. 스님과 사찰은 일상이라고 해도 좋을 것이다. 그렇다면 불교가 욕망 이론을 잠재울 수 있을까? 매우 회의적이다. 오히려 사찰에 가서 자신의 욕망이 충족되도록 불공을 드리는 것이 아닌지 의심이 들 정도이다. 현재는 욕망이 없으면 행복도 없다는 구호가 힘을 얻는 시대이다. 욕망이 없는 것이 문제라는 지적을 젊은 사람들은 가끔 듣는다. 욕망이 없는 삶은 죽음과 같다고 외치는 시대가 바로 지금이다. 이런 흐름에서 벗어날 가능성은 상당 기간 없어 보인다. 성형 수술이 한국처럼 일반화된 나라도 흔치 않다고 한다. 더 예뻐지고 싶고 더 남의 주목을 끌고 싶고 더 남보다 부자이고 싶은 욕망을 잠재우기는 힘들어 보인다.

예전에 군자나 선비가 되는 것을 인생 목표로 삼았던 시대도 있었다. 극기복례(克己復禮)라는 말이 흔했다. 여기에서 극기라는 것은 결국 자신의 이기심이나 욕심을 버린다는 뜻이고 복례란 예라는 객관적 가치를 추구하는 것으로 보인다. 이러한 입장은 인생론에서 발전론이라 할 수 있는데[12] 유교, 불교, 도교 등이 여기에 속한다. 군자, 깨달음, 선인 등은 완벽이 아니라 수양과 발전에 초점을 두기 때문이다. 노력해도 군자가 될 수 있는 것은 아니지만 평생 조금씩 나아지도록 해야 한다. 따라서 아침에 도를 들으면 저녁에 죽어도 좋은 심정이 되는 것이다. 욕망을 충족시키거나 즐겁게 사는 것이 아니라 죽기 전까지 끊임없이 발전하여 완전에 가깝게 가려고 하는 것이 잘 사는 것이다. 지금 이런 주장은 그리 효용성이 없어 보인다. 하지만 아주 없는 것은 아니다. 욕망 충족만으로 인생이 채워지지 않는 것이 현실이기 때문이다. 인생에는 그 이상의 것이 분명히 존재한다. 이런 것을 떨치기는 쉽지 않다. 이런 경우 유교나 불교의 가르침이 그 빈 공간을 메워 준다. 죽을 때까지 조금씩이라도 발전을 해 나아간다면 허전하지는 않을 것이기 때문이다. 그런 점에서 유교나 불교는 여전히 한국인의 삶에 유효하다.[13]

그런데 자신의 욕망이란 무엇인가? 그리고 사람들은 대체로 무엇을 욕망하는가? 이 질문에 답하지 않으면 욕망 충족 이론이 명확히 드러나지 않을 것이다. 여기에서 〈자신의〉 욕망이라는 데 주목해 보자. 욕망 충족 이론에서의 욕망은 자신의 욕망을 말한다. 다른 사람의 욕망을 충족시키는 것이 아니기 때문이다. 그렇다면 사람에 따라 욕망은 다를 것이다. 쾌락, 행복, 가치 실현, 목표 달성 등 각각의 욕망이 있을 것이다. 따라서 이런 이론들은 주관적이라 할 수 있다. 왜냐하면 사람마다 다르다는 것은 주관적이라는 뜻이기 때문이다. 그런데 이 주관적 이론의 원형이 바로 욕망 충족 이론이다. 이에 반해 객관적 이론이라 할 수 있는 것은 앞에 나온 발전론이나 목록 이론이다. 그런데 욕망 충족 이론의 핵심은 앞서 설명했듯이 좋은 것이기에 원한다는 게 아니라 원하기 때문에 좋은 것이라는 주장이다. 부자 되기를 원하기 때문에 부자가 되는 것이 좋은 것이 된다. 부자가 좋은 것이기 때문에 부자 되기를 원하는 것이 아니다. 이런 흐름은 이미 우리 사회에 널리 퍼져 있다. 결혼과 무관한 비혼을 원하기 때문에 비혼이 좋은 것이지, 비혼이 좋기 때문에 비혼을 원하는 것이 아니다. 이는 분명히 객관적 이론과는 대조된다. 이런 주관적 이론에 바탕을 둔 인생관이 우리나라뿐 아니라 세계적으로도 상당 기간 지속될 것으로 보인다. 지금은 개인의 시대이기 때문이다.

평탄한 인생

욕망 충족 이론이 대세라고 해도 현실은 다를 수 있다. 왜냐하면 원하는 것과 실제로 하는 일은 다른 것이 보통이기 때문이다. 아무리 원하는 것을 성취하기 위해 인생을 산다 해도 능력이 안 되거나 환경이 따라 주지 못하면 결국 이룰 수 없다. 아무리 행복을 원해도 마음대로 되지 않으면, 아무리 가수가 되는 게 꿈이었다 해도 노래를 못 부르면 이룰 수 없다. 무엇을 원하든 자유이지만 무엇을 할 수 있는가는 자유가 아니다. 따라서 사람들은 적응하게 된다. 자신에게 그리고 환경에. 그리하여 그는 화려한 성공도 비참한 실패도 바라지 않는다. 그저 남들처럼 평범하게 살고 싶고 굴곡 없이 평탄하게 살고 싶다. 공부도 중간 정도 하고 직장도 망하지 않을 정도이면 되고 아이들도 건강하고 속 썩이지 않으면 족하다. 이런 인생이 가장 무난한 인생이고 따지고 보면 복 많은 인생이라고 생각하는 것이다. 지난 100여 년간의 경험은 나서는 것이 위험하다는 것을 알게 해주었기에 평범하고 평탄한 인생을 선호하는 인생관이 한국에 자리 잡은 것이 아닐까 싶다.

물론 이런 인생관은 옛날부터 있어 왔다. 『장자』 산목 편에서 이런 이야기가 있다. 태공임은 공자에게 〈내가 죽지 않는 방법을 한 번 말해 보겠습니다. 동해에 의태(意怠)라는 생각 없는 새가 살았습니다. 퍼덕거리는 날갯짓은 아무 힘도 없어 보였습니다. 다른 새들이 날자고 하면 날아가고, 다른 새들이 괴롭히면 그냥 둥지에서 쉬었습니다. 날아갈 때 앞장서지도 않고 물러설 때 뒤처지지도 않았습니다. 먹을 때도 먼저 먹지 않고 차례대로 먹었습니다. 그랬더니 무리에서 배척당하지도 않고, 사람들에게 해를 입지도 않았습니다. 의태는 그렇게 살아 어려움을 면할 수 있었습니다. 곧은 나무가 먼저 잘리고, 맛있는 우물물이 먼저 마릅니다. (……) 자취도 지우고 권세도 버립니다. 이루기 위해, 유명해지기 위해 살지 않습니다. 그래서 남들에게 책임을 묻지도 않고, 남들도 그에게 책임을 묻지 않습니다〉라고 말한다.

의태라는 새는 〈생각 없는〉 새라고 하는 것이 요점으로 보인다. 다른 새들이 날자고 하면 날아가고 다른 새들이 괴롭히면 그냥 참고 지내는 행태는 생각 없다고도 할 수 있지만 확실한 생각이 있다고도 할 수 있다. 즉 죽지 않고 살아남기 위해서 취한 가장 최선의 전략이기 때문이다. 죽으면 아무 소용없다는 것을 항상 염두에 두면서 살아남는 방법을 모색하는 것은 합리적이며 그 결과 생각 없게 보이게 행동한 것이다. 많은 한국인도 이렇게 살아가고 있지 않은가. 곧은 나무가 먼저 잘리고 굽은 나무가 선산을 지킨다는 것을 마음에 새기고 사는 것이다.

그런데 실제로 평탄한 삶이 존재하는가? 남들이 보기에는 별 탈 없이 별 굴곡 없이 무난하게 인생을 산 것 같아도 그 삶을 유지하기 위해서 당사자는 최선의 노력을 했을 것이고 숱한 어려움을 감내했을 것이다. 위의 생각 없는 새도 마찬가지이다. 다른 새들이 괴롭힐 때 그냥 둥지에서 쉬는 것이 얼마나 어려운 일인가. 모욕을 견디는 것은 결코 쉬운 일이 아니다. 괴롭힘에 대항하지 못하고 그냥 죽은 듯이 있는 것을 쉽다고 할 사람은 없을 것이다. 그리고 날아갈 때에도 앞장서지 않고 물러설 때에도 뒤처지지 않았다고 하는 것은 주변 변화에 항상 신경을 쓴다는 것이다. 왜냐하면 앞장서 가다가 갑자기 뒤로 돌아 가게 되면 졸지에 맨 뒤가 되어 위험에 노출될 수 있기 때문이다. 따라서 항상 자신의 위치를 점검해야만 한다. 앞에 있다 싶으면 얼른 뒤로 가서 중간을 유지해야만 하기 때문에 한순간도 마음을 놓을 수 없을 것이다.

이런 인생이 과연 평탄한 인생인가. 겉으로는 그렇게 보일지 몰라도 안으로는 죽을힘을 다하는 고된 인생이다. 평탄한 인생관은 즐거운 인생관이나 욕망 충족 인생관에 비해 방어적이다. 적극적으로 즐거움을 추구하거나 자신이 원하는 것을 성취하겠다는 것이 아니라 중간을 유지하면서 불행해지지 않도록 자신을 낮추고 숨기기 때문이다. 욕망도 있고 즐거움도 맛보고 싶지만 그것보다는 살아남는다는 것이 중요하고 자신을 보존하는 것이 더 시급하다고 믿는다.[14]

세 가지 인생관을 살펴보았는데 나는 앞서 말한 대로 욕망 충족 이론이 한국에서도 대세라고 생각한다. 한국이라고 해서 이 시대에 다른 나라와 구분되는 독창적인 혹은 고유한 인생관을 갖고 있지는 않다. 유사한 나라들은 많이 존재한다. 하지만 세계에서 가장 많은 신자를 확보하고 있는 이슬람은 여전히 우리에게는 낯설다.[15] 또한 티베트의 삶도 우리에게는 아직은 신비하게 보인다.

앞서 말한 대로 인생을 사는 법에 정답이 있을 수 없다. 앞으로도 마찬가지일 것이다. 하지만 대세라는 것은 분명 존재한다. 종교의 시대에는 자신의 종교에 맞게 사는 것이 일반적이었고 지금은 자신이 원하는 것을 중심으로 사는 것이 일반적으로 보인다. 한국적인 인생이라는 것이 과연 존재하는지는 의심스럽다. 자신도 모르게 이 시대가 만들어 놓은 인생을 좇아가는 것인지도 모르겠다.

6
한국적인 건축
아파트 대 한옥

한국 민요록 밴드를 자처하는 소리꾼들이 있다. 베틀가, 사설 난봉가, 자진 난봉가 등을 블루스부터 테크노, 디스코 등 다양한 반주에 얹어 공연한다고 한다. 이 밴드가 주로 부르는 민요는 경기민요인데 리더가 인터뷰에서 흥미로운 이야기를 한다. 그는 국악이라는 말을 싫어한다면서 그 이유가 국악이란 말이 우리 소리의 다양함을 한 단어에 매몰시키고 있기 때문이라고 한다. 즉 해외 음악은 장르마다 각각 이름이 있는데 우리 소리는 경기민요나 서도민요나 전부 국악이라고 하기 때문에 다양성이 사라진다는 것이다. 옳은 지적이다.

건축도 마찬가지로 보인다. 한옥이라는 단어에 궁궐, 양반집, 초가집 모두가 들어가 버린다. 게다가 한국적인 건축이라는 단어를 쓰는 순간 갑자기 아파트는 제외된다. 즉 한국적인 건축이란 한옥이라는 의식이 자리하고 있는 것이다. 하지만 아파트도 한국 건축의 일부이고 소위 한옥이라는 것도 한국 건축의 일부이다. 따라서 한국적인 건축이라는 말보다는 장르별로 사용하는 것이 다양성을 살리는 길이다. 아파트, 궁궐, 단독주택, 연립주택, 전통주택과 같이 부르는 것이 낫다. 다양한 장르 모두가 한국적인 건축이 될 수도 있고 안 될 수도 있다. 그런 것이 중요한 것은 아니다. 국악이란 이름을 해체하는 것이 국악을 살리는 길이 될 수 있듯이 한국적 건축이란 이름을 해체하는 것이 한국 건축을 살리는 길이 될 수 있다. 그리고 자세히 들여다보면 아파트와 전통주택은 의외로 닮은 데가 있다.

아파트

북한산에 올라 서울을 내려다보면 아파트 숲이 눈에 들어온다. 정말 아파트가 많다는 생각이 절로 든다. 농촌에도 아파트는 높이 솟아 있다. 주거의 60퍼센트 정도가 아파트라고 하는데 실감이 난다. 그렇다면 아파트가 한국 건축의 특징이거나 한국적인 것이라고 할 수 있는가? 나는 있다고 생각한다. 대중성은 한국적인 것의 기준이 될 수 있기 때문이다. 때때로 한적한 교외에 지은 집이 상을 받았다는 신문 기사를 본다. 물론 잘 지은 집이고 아름답지만 이런 집을 대중적이라 부르지는 않는다. 문화란 앞에서 본 바와 같이 생활 양식이라 할 수 있는데 이때의 양식이란 역사적·사회적으로 자연스럽게 정해진 공통의 형식이나 방식을 말한다. 이런 정의에 비추어 보면 아파트를 논의 대상에서 제외하고 한국적 건축에 대해 논하는 것은 적절하지 않다.

하지만 아파트의 대중성을 인정하지만 한국적 특성에 대한 논의에서 제외하려는 움직임은 상당히 널리 퍼져 있다. 아파트가 획일적이고 비인간적이며 전통적인 한국의 건축과는 분리되어 있다는 것이 그 근거이다.[1] 일리가 있다. 아파트는 마당이 있는 기와집과 우선 외관부터 다르고 또 집단화되어 있기에 심리적 거부감을 주는 것도 사실이기 때문이다. 하지만 더 근본적인 이유는 머릿속에 이미 한국적인 건축은 이러한 것이라는 개념이 들어가 있기 때문이다. 즉 이러저러한 것이 한국적인 건축인데 아파트는 해당 사항이 없다는 것이다.

건축 비평가 이종건은 〈우리 삶에 보편적이거나 지배적인 것일지언정 생성 가능성이 없다면, 한국성 숙고와 논의의 테이블에서 치워야 한다. 예컨대 우리 거주 문화의 대부분을 차지하는, 그러니 분명 한국적인 것이라고 해야 할 아파트에서 읽어 내어 새롭게 작업해 낼 것이 무엇이겠는가? 아파트를 치워야 한다는 것이 아니라, 그것을 테이블에 가져올 때에는 그것을 읽어 내는, 그로써 새롭게 해명할 수 있을 개념(틀) 또한 가져와야 한다〉라고 말한다. 그는 아파트를 한국적인 건축의 대상으로 인정하면서도 그보다 아파트를 해명할 개념을 먼저 가져야 한다고 주장한다. 다시 말해서 개념(틀) 없는 작업은 에너지 낭비라는 것이다. 그래서 그는 선비 정신을 개념으로 제시한다. 아파트를 먼저 보고 무엇인가를 찾아내는 대신 개념을 먼저 머릿속에 넣고 아파트를 보려 한 것이다. 그의 머릿속에는 선비 정신이 있었던 것이다.

건축가 임동우는 이종건과는 다른 주장을 한다. 그는 〈또 누군가는 한국의 건축계에서 이야기하기를 종종 꺼려 하는 수많은 한국의 아파트들을 보면서 한국의 건축성을 이야기할지도 모른다. 실제로 아파트만큼 건축의 한국성이라는 것을 쉽게 보여 줄 수 있는 유형이 또 있을지 모르겠다〉라고 하면서 〈한국의 건축가들이 건축의 한국성이라는 부분에서 자유로워질 수만 있다면 건축의 한국성이 더 선명하게 드러날 수 있다고 생각한다. 또 그제서야 한국의 건축이 세계 건축의 담론과 흐름에서 동떨어지지 않고 같은 파도를 타고 갈 수 있을 것이라 믿는다〉라고 말한다. 즉, 한국적인 건축이 아니라 더 좋은 건축을 목표로 하면 그만인 것이다. 그는 한국적인 건축이 있다면 그것은 추구해야 할 가치가 아니라 실제에서 찾아야 한다고 주장한다. 그리고 실제에서 가장 중요한 것은 좋은 건축이다. 그럼 아파트에는 어떤 특징이 있는가?

아파트로 간 한옥

아파트와는 달리 한옥에 대한 예찬은 차고 넘친다. 살기에 불편하고 관리 비용이 많이 들고 사생활이 보장되지 않는다는 불평에도 불구하고 한옥은 높이 평가되고 있다. 건축사학자 임석재에 따르면 한옥은 바람과 햇빛을 받아들여 이용하는 데 매우 뛰어난 가옥 구조를 자랑하며 통을 살린 배치 구도는 곧 한옥의 공간적 특징으로 발전하여 물 흐르듯 막힘이 없는 구조를 뽐낸다. 또한 그는 한옥은 마당과 함께 있어야 건물의 장점이 충분히 발현되며 집 밖의 빈 마당이 있어야 완성된 의미를 가질 수 있다고 설명한다. 물론 한옥에도 장점이 있다.[2] 오랜 시간 이어져 온 건축이라면 장점이 없을 리 없기 때문이다. 풍토나 사회적 환경에 맞았기 때문에 아직까지 유지되고 있을 것이다. 하지만 한옥의 오르내림과 꺾임이 많다는 특징을 긍정적으로 보는 것은 이해하기 힘들다. 그는 〈분명 걸려서 넘어지는 일도 잦았을 테고, 밥상을 들고 오르락내리락하려면 힘이 들었을 것이다. 이런 불편을 몰랐을까. 아는 데도 굳이 집을 이렇게 만든 이유가 있을 것이다. 사람 몸 관절의 섬세한 치수에 맞추기 위해서이다. 한옥에서 오르내림과 꺾임은 관절을 많이 쓰게 만든다. 그러나 절대 연골이 닳을 정도로 과하지는 않다. 마당에서 대청으로 오르는 수직이동은 대개 다섯 걸음 이내라서 몸에 무리가 가지 않는 범위 안이다. 관절을 많이 쓰면 뇌에 적절한 자극을 준다〉라고 말한다. 노동과 운동을 구별하지 못하고 있다. 주로 여자들의 몫이었을 이 고된 노동을 그는 단순한 운동 정도로 여기고 있다. 이런 태도는 한옥을 개념적으로 파악하는 데에서 비롯되었을 것이다. 있는 그대로의 한옥이 아니라 개념 속의 한옥, 찬미된 한옥을 기술하고 있는 것이다. 이런 태도로는 한옥을 제대로 볼 수 없을 뿐만 아니라 한옥이 어떻게 아파트 안으로 들어왔는지도 알 수 없을 것이다.

프랑스 지리학자 발레리 줄레조는 기본적으로 발코니와 다용도실은 한옥 마당의 기능을 아파트로 들여온 것이라고 말한다. 그는 〈한국 아파트에서 마당은 처음에 다용도실로 재구성되었다. 아파트가 너무 작아 다용도실을 갖추기 어려운 경우에는 발코니나 복도, 층계 등이 옛 마당의 구실을 한다. 그러므로 (……) 밖으로 개방되어 있어서 밖을 내다볼 수도 있고 밖에서 들여다보기도 하는 서구의 발코니, 테라스, 베란다와는 아주 다르다〉라고 주장하면서 보다 구체적으로 한옥의 구조가 어떻게 아파트 안으로 들어왔는지를 보여 준다. 저자는 〈아파트에서 한옥의 공간 분리는 단순화되어, 마당의 기능을 대신하는 다용도실, 발코니, 현관 등과 나머지 공간들 사이의 대비로 요약된다. 이 대비는 높이를 달리한다든가 바닥재의 차이 등으로 구체화된다〉고 설명한다. 특히 〈현관은 다른 공간의 높이보다 10여 센티미터 바닥을 낮추고 타일을 깐다. 다용도실과 발코니도 타일을 깔며 높이는 다른 공간과 차이는 없으나, 문턱이 있어 다른 공간과 분리된다〉고 말한다. 그는 바닥재의 차이에 따라 신발 사용 습관도 생겨났다고 설명한다. 〈아파트에 들어올 때는 거리의 먼지로 덮인 외출용 신발을 벗고 아파트 안에서는 양말이나 실내화를 신는다. 다용도실이나 발코니로 나갈 때는 플라스틱 슬리퍼를 신는다. 신발들의 활발한 움직임은 이렇게, 안과 바깥 사이에 놓인 전환적 장소로서의 한옥이 갖고 있는 한국 고유의 가정 공간 구조를 보여 준다.〉 저자에 따르면 이와 같은 〈한국 아파트의 특별한 구성은 많은 사람들이 불편함을 토로했던 한옥의 특징과 그리 멀리 떨어져 있지 않다. 전통적인 움직임(특히 음식을 준비할 때 신을 끊임없이 벗고 신는 것)을 그대로 고수하고 있는 것이다〉. 이어 그는 〈아파트의 공간 구성과 각 장소의 용도는 한옥 구조를 재구성한 것임을 확인시킨다〉라고 기술한다. 매우 설득력 있다. 특히 마지막 문장이 인상적인데 이것이 사실이라면 왜 사람들은 아파트는 현대적이고 한옥은 전통적이라고 생각하는지 의문이 든다.

이에 대해 저자는 〈한국 사회에서 《현대》 혹은 《전통》 가옥을 규정하는 문제와 관련해 중요한 것은, 실제의 공간 구조와 생활 양식이 아니라 한국인들 자신이 그에 대해 부여하는 의미나 가치라는 사실을 입증한다〉라고 주장한다. 이에 대해 그는 조금 더 자세히 설명한다. 〈주민들 대부분은 전통 부엌, 전통 화장실, 온돌로 대표되는 한국식을 입식 부엌, 수세식 화장실, 난방을 갖춘 서구식에 대립시킨다. 과연 그럴까? (……) 사람들은 연탄에서 가스로 바뀐 난방의 변화가 한국식 온돌 모델의 기술적인 완성이며 이는 한국인들의 특별한 주거 양식, 즉 좌식 생활의 바탕이 되고 있다는 사실에 주목하지 않는다. 한국 이외의 곳에서 이런 난방 방식을 취하는 아파트가 있다면, 그것은 《한국화 된》 아파트라 하겠다. 사람들은 단지 이 사실을 의식하지 못하고 있을 뿐이다〉라고 말한다. 〈바닥을 데우는 전통적 방식을 적용한 난방 형태임에도 불구하고 그것을 《서구식》이라고 생각하는 것은 역설적이게도 한국인들이다〉라는 지적이다. 그는 그 이유를 〈현실로서의 아파트가 인기를 끌었다기보다는 한국인들이 《현대적 주택》에 대해 만들어 낸 이미지가 인기를 끈 결과〉라고 분석한다. 그는 〈기술의 진보는 순수하게 한국적인 산물이었음에도 서구적인 것으로 이미지화된 것이다. (……) 아파트의 현대성은, 후진국 시대, 가난한 시대를 상징하는 불편한 한옥과 비교를 통해 정의된다〉고 말한다.

한국인은 실제로는 서구 문화를 받아들여 자신의 것으로 만들었음에도 불구하고 머릿속으로는 아파트는 현대적이고 한옥은 가난한 시대의 것으로 정리해 버렸다는 것이다. 하지만 시간이 흐른 후 위에서 본 바와 같이 한옥의 복권을 넘어선 예찬이 쏟아지기 시작했다. 이런 반발은 아마도 자존심의 문제가 아니었을까 생각한다. 〈왜 서양의 것이 더 우월한 것으로 평가되는가? 우리의 것도 그에 못지않게 아니 그보다 더 좋다.〉 이런 주장을 하는 바탕에는 열등감이 있는 게 아닐까.[3] 우리는 이미 서구의 것을 훌륭히 소화해서 한국화된 아파트를 만들었다. 이 점을 알았다면 굳이 한옥을 내세워 반발할 필요가 없었을 것이다. 이것은 우리가 실제 아파트를 자세히 들여다볼 생각을 하지 않았기 때문에 빚어진 일이다.[4]

행동 양식

어떻게 한옥은 아파트로 들어갔는가? 문화의 정의를 다시 한번 보자. 문화의 정의 중 하나는 〈자연 상태에서 벗어나 삶을 풍요롭고 편리하고 아름답게 만들어 가고자 사회 구성원에게 습득, 공유, 전달이 되는 행동 양식〉이었다. 여기에서 행동 양식에 주목해 보자. 문화란 결국 행동 양식인데 그것은 사회 구성원에게 습득, 공유, 전달된다는 것이다. 한옥에서 살던 사람이 아파트에 들어간다고 해서 바로 행동 양식이 바뀌는 것은 아니다. 한옥에서는 좌식 생활을 했다. 아파트에는 식탁이 있다. 하지만 여전히 마루의 역할을 하는 거실에 상을 펴고 앉아서 밥을 먹는다. 물론 식탁에서 먹을 때도 있다. 하지만 사람의 행동 양식은 특별한 계기가 없다면 유지되는 것이 보통이기 때문에 아파트로 옮겨도 행동 양식은 그대로 유지되는 것이다.

이때 유의할 점은 행동 양식을 유지하기 위해 사람들이 특별히 신경 쓰는 것은 아니라는 것이다. 이것은 설계 단계에서 시작된다. 설계자는 자신도 모르게 종래의 행동 양식이나 생활 양식을 유지하도록 아파트의 구조를 설계한다. 물론 환경이 다르므로 여러 가지 고민을 하겠지만 역시 사람들이 불편하지 않아야 한다는 원칙을 지킬 것이다. 그렇게 하려면 하던 대로 하는 것이 좋을 것이다. 인테리어 업자도 마찬가지일 것이다. 머릿속에 장독대가 있기 때문에 어딘가를 장독대로 만들기 위해 지혜를 짜낼 것이다. 만약 공급된 아파트의 구조가 소비자의 욕구를 충족시키지 못하면 소비자가 만족할 때까지 설계나 인테리어는 변경될 것이다. 그 기준은 아마도 행동 양식이나 생활 양식의 유지일 것이다.

물론 새로운 환경과 행동 양식은 상호작용한다. 서로가 서로에게 영향을 주는 것이 보통이다. 또한 특별한 경우라면 정치, 사회, 경제 그리고 기술적 원인으로 집의 형태에 변화가 생겨 어쩔 수 없이 행동 양식이 변하는 경우도 있다.[5] 지금은 여러 가지 사정으로 아파트가 대세가 되었지만[6] 우리의 행동 양식에 맞춰 한국식 아파트가 만들어진 것이다. 즉, 집의 구조와 행동 양식의 상호작용이 아파트에도 적용된 것이다.[7] 한국적인 건축을 말할 때 장식이나 외관에 집착하는 경우가 흔하다. 기와, 전통 문양, 창, 마당의 유무에 온통 신경을 쓰며 자연 친화력, 소통, 인간적임 등의 가치를 내세운다.[8] 나는 이런 접근은 생활 양식을 보지 못한 결과라고 생각한다.[9] 시안의 이슬람 사원의 외관은 중국식이다. 하지만 이슬람 사원이다. 이 사원은 무슬림이 신앙 행위를 하는 데 적합하면 그만이다.

물론 행동 양식이나 생활 양식은 시간이 지나면 변한다. 그렇다면 변한 행동 양식에 상응하는 건축물이 등장할 것이다. 문화의 정의를 다시 한번 보자. 정의 중 하나는 문화를 〈자연 상태에서 벗어나 일정한 목적 또는 생활 이상을 실현하고자 사회 구성원에 의하여 습득, 공유, 전달되는 행동 양식이나 생활 양식의 과정 및 그 과정에서 이룩하여 낸 물질적·정신적 소득을 통틀어 이르는 말. 의식주를 비롯하여 언어, 풍습, 종교, 학문, 예술, 제도 따위를 모두 포함한다〉로 풀이한다. 즉 행동 양식이나 생활 양식도 문화이고 그것들이 이룩하여 낸 것들도 문화인 것이다. 생활 양식과 그것의 소산물 사이에는 복잡한 상호작용이 있고 양자를 구분하는 것은 쉽지 않다. 하지만 한번 습득된 행동 양식이나 생활 양식은 관성을 갖는다. 즉 웬만하면 바꾸려 하지 않기 때문에 한옥이 아파트에 스며들어 간 것처럼 얼핏 보아서는 알아채지 못할 정도 자연스럽게 모습을 바꾼다.

고유섭은 〈마루와 온돌은 조선 건축에서 빼지 못할 수법이다. 그러므로 한갓 중국 형식을 모방하여 마지않았던 《지배(支配)의 가(家)》인 궁전에서도 이 수법을 채용치 않을 수가 없었다. 즉 인조 때의 영의정 김자점의 건의로 채용케 되었으니 이것이 재래 순전히 중국 수법에 의하던 조선 궁전 건축에도 일편의 조선색을 가미케 한 시초이다. 이리하여 궁 후정 곳곳에 굴뚝이 생기고 굴뚝이 생긴 이상 그 장식이 생기게 되었으니 이것이 또한 조선식 궁전의 특색도 이르게 되었다〉[10]고 말한다. 그는 조선 건축의 특징으로 마루와 온돌을 들었는데 위에서 본 바와 같이 마루는 아파트에서 거실로 온돌은 보일러 바닥 난방으로 모습을 바꾸었다. 지난 100년간 목조에서 철근 콘크리트 구조로 외양은 바뀌었지만 마루와 온돌은 지속되어 왔다고 할 수 있다. 특히 온돌은 그 지속력이 더 강하다고 볼 수 있는데, 찜질방 같은 문화는 한국 특유의 것이기 때문이다. 한국에서는 아무리 아파트 바닥 난방이 있어도 남녀노소를 가리지 않고 드러누워 등을 지지는 찜질방을 가는 것이 보통이다. 온돌을 지키기 위해 위에 건축물을 쌓아올리는 기분이 들 정도이다. 나는 굳이 한국 건축의 특징을 들라고 하면 온돌이라고 답하겠다.

온돌은 앞으로도 지속할 것으로 보인다. 왜냐하면 이미 보일러 덕분에 아파트에 성공적으로 들어왔기 때문이다. 철근 콘크리트 구조물과 재래식 아궁이의 결합은 어색해 보였지만 보일러의 보급으로 온돌은 에너지 공급 형태를 바꿔 생존을 계속할 수 있었다. 다시 시대를 거슬러 올라가지 않는 한 지금과 같은 형태의 온돌은 계속될 것이다. 요즘 들리는 이야기로는 몽골이나 중국의 북부 지역에서 한국식 온돌이 설치된 아파트가 고가라고 한다. 추운 지역에 아파트가 들어선다면 한국식 온돌의 경쟁력이 위력을 발휘할 것이다. 이것은 전기로 작동하는 엘리베이터의 발명이 미국의 마천루를 가능하게 한 것과 마찬가지이다. 엘리베이터 없이 고층 빌딩은 불가능하다. 보일러 없이 한국식 온돌도 불가능하다.

7
한국의 자연미
독자성에 대한 강박

한국적인 것, 한국의 문화를 논할 때 한국미가 빠지는 경우는 드물다. 특히 한국의 자연미를 거론하는 것은 흔히 볼 수 있다. 무기교의 기교라는 말이 이런 흐름을 잘 드러내고 있다. 하지만 과연 이때의 자연미가 정확히 어떤 뜻인지에 대해서는 합의가 없는 것으로 보인다. 그리고 자연미가 한국만의 것인지에 대한 논의도 충분해 보이지 않는다. 또한 이 개념이 한국미를 왜곡하는 것은 아닌지 의심이 든다.

중국 당나라

중국 당나라의 미적 기준은 지금과는 많이 달랐다고 한다. 한 연구서에 따르면, 9세기 이르러 중국에서 현장 작업자와 이론가 모두가 갖고 있던 창의성의 개념과 본질에 대한 근본적인 질문에 대해 말할 수 있게 되었다고 한다. 9세기 평론가에게 근본적인 관심사는 〈무엇이 예술인가?〉 즉 〈예술이 작품을 만드는 과정에 있는 것인지 아니면 완성된 최종 형태에 있는 것인가?〉였고 그리기의 전 단계에서 지속되는 자연스러움에 가장 높은 가치를 두었다고 한다. 즉 자연히 일어나는 무의식적인 솜씨를 붓과 잉크를 사용해 발휘하는 것을 찬양했고 그것이 자연에 가장 가까이 근접한 순간이라고 생각했다는 것이다.

다시 말해 당대에는 그림이라는 결과물이 아니라 그림을 그리는 행위나 과정, 그중에서도 그리기 전 단계의 무의식적인 자연스러움을 가장 높게 평가했다는 것이다. 여기에서 〈자연스러움〉이나 〈자연히 일어나는 무의식적인〉이라는 표현은 spontaneity[1]의 역어이다. 저자의 〈자연스러움spontaneity〉의 정의는 이런 성질들의 교차에서 찾을 수 있다. 즉 도구나 기술의 간섭 없이 자연을 따르는 것이라 할 수 있는데 이런 상태는 작업의 예비 단계에서 가장 잘 드러난다는 것이다. 따라서 아무것도 하지 않고 있는 작업 전의 상태가 가장 이상적이라고 할 수 있다.

여기서 중국 당나라 이야기를 굳이 꺼낸 이유는 이 시

기의 자연스러움이 지금 한국 자연미의 원조격이라 생각되기 때문이다. 한국의 자연미를 본격적으로 발굴하고 이론화 한 사람은 야나기 무네요시로 알려져 있다. 한국미를 선(線)의 미로 파악하여 버선코, 처마의 선을 대표적 예로 든 사람이다. 이후 한국에서 자연미 논의는 그를 중심으로 행해졌다. 고유섭도 일정 정도 영향을 받았고 그 후 고유섭의 제자들도 이 노선에서 벗어난 적이 거의 없었다. 하지만 1970년대 이후 그에 대한 비판이 본격적으로 시작되어 이제는 어느 정도 벗어난 느낌이 든다. 그런데 그의 자연미란 개념도 역사적으로 보면 이미 중국에 있었다. 이 점을 밝히는 것이 전체적인 이해를 도울 수 있을 것이다.

야나기 무네요시

야나기 무네요시는 「조선화를 바라보며」에서 조선의 아름다움에 대해 〈그 어떠한 것에도 집착하지 않기 때문에, 무엇이 앞에 있어도 두려워하지 않는다. 그래서 이렇게도 차분히 있을 수 있는 것이다. 동양의 심경을 여기에서도 찾아볼 수 있지 않은가〉라고 말한다. 즉, 그 어떠한 것에도 집착하지 않은 작업이라는 것이다. 요약하자면 아무런 것에도 집착하지 않고 무념무상의 상태에서 자유롭게 그렸다는 것이다.

이런 그의 주장은 어디에서 비롯되었는가? 단순히 조선화가 마음에 들었기 때문인가? 아니면 다른 주장을 하기 위한 방편이었는가? 『야나기 무네요시 평전』에 의하면 〈야나기는 1914년에 이미 원시 예술에서 근대 문명에 오염되지 않은 아름다움을 발견하고 그것에 높은 위치를 부여함으로써, 근대 서양 문명의 모방인 근대 일본-일본 제국을 비판하는 시각을 갖고 있었다〉고 한다. 즉 그는 원시 예술의 오염되지 않은 미를 이상으로 삼고 그 적용 대상을 찾았다고 할 수 있다. 그것이 조선의 예술과 일본의 민예였던 것으로 보인다.

그런데 그가 삼은 목표는 조선미의 찬양이 아니라 일본의 독자성이었다. 일본 문화의 독자성을 밝히기 위해 우선은 중국, 조선, 일본이 문화적으로 대등하다는 것을 말하는 과정이 필요했고, 그다음에는 일본의 독자성을 찾는 과정이 필요했다. 평전은 야나기의 말을 인용하는데, 그는 회화나 조각에서는 일본 것이 〈당나라의 유풍에서 빠져나온 것도 적고, 조선의 영향을 벗어나는 것도 적다. 더욱이 그러한 것에 맞먹을 수 있는 힘과 깊이가 충분한 것도 드물다고 할 수밖에 없다. 위대한 중국 앞에, 우아한 조선 앞에 우리 예술을 아무런 염려 없이 내

놓을 수 없다〉라고 말한다. 그러나 야나기는 이어서 조
잡한 물건의 영역은 〈그중에 드문 예외의 하나〉라고 말
한다. 〈거기에는 독자적인 일본이 있다. (……) 충분한
독창이 여기에서 발견된다. 그것은 모방도 아니고 추종
도 아니다. 세계의 훌륭한 작품에 맞먹고, 일본이 여기
에 있음을 내세울 만하다고 단언한다.〉 야나기 무네요
시는 일본 문화의 독창성을 내세우기 위해 조선을 경유
했을 뿐이다.

고유섭

고유섭은 「조선 고대 미술의 특색과 그 전승 문제」
(1941)에서 조선 고미술의 특징으로 몇 가지 예를 든다.
우선 무기교의 기교, 무계획의 계획이 있고 질박한 맛,
둔후한 맛과 순진한 맛이 있으며 이 셋을 통해 적요한 유
머, 어른 같은 아이의 성격이 있고, 비균제성과 무관심성
도 있다고 한다. 이런 특징들은 이미 우리에게 널리 알
려진 것들이다. 왜냐하면 고유섭 이후의 작업이 이 틀에
서 크게 벗어난 적이 없기 때문이다.[2] 그는 무기교의 기
교나 무계획의 계획은 기교와 계획이 생활과 분리되고
분화되기 이전의 것으로 작품으로서의 미술이 아니라
생활과 하나가 된 미술이라고 한다. 그는 조선의 미술은

민예적인 것이며 신앙과 생활과 미술이 분리되어 있지 않다고 말한다. 그런데 이런 주장은 야나기 무네요시의 것과 거의 같다. 고유섭이 〈조선의 예술이 선적(線的)이라 한 야나기 무네요시의 정의는 이 뜻에서 시인된다 하겠다〉고 한 것으로 보아도 그가 야나기를 알고 있었던 것은 분명하다. 그리고 그는 무관심성에 대해 말하면서 무관심성은 마침내 자연에 순응하는 심리로 변한다고 하며 조선 미술의 특성 중 하나가 자연 순응이라 한다.

그럼 왜 고유섭은 조선 미술의 특색을 찾으려 했는가? 이에 대해 그는 〈특색이라는 것은 결국 전통이라는 것의 극한 개념이므로 자의식의 자각, 자의식의 확충을 위해서는 끊임없이 이 전통을 찾아야 하며 끊임없이 이 전통을 찾자면 끊임없이 그 특색을 찾아야 할 것〉이라고 말한다. 또한 〈우리는 너무 오래 이 전통을 돌보지 아니하였고, 너무나 오래 이 특색을 찾지 않고 있었고 결국에 있어 자아의식의 몰각(沒却)이며 자주 의식의 몰각이기 때문에 (……)조선 미술의 특색을 찾아야 하고 조선 미술의 전통을 살려야 한다〉고 말한다. 그는 조선이 여기에 있다는 것을 보여 주고자 한다. 독자성을 찾으려 한다는 점에서 그는 야나기 무네요시와 매우 흡사하다.

자연미

미술사학자 김원용은 한국의 미를 한마디로 〈자연의 미〉라고 정의한다. 〈자연에도 여러 가지가 있지만, 이것은 한국적 자연으로, 한국에서의 미술 활동의 배경이 되고 무대가 된 바로 그 한국의 자연이다〉라고 말한다. 그런데 자연은 한국에만 있는 것은 아니다, 자연을 갖고 있지 않은 나라는 없다. 따라서 한국의 자연이 특별한 의미를 띠지 않는다면 이 주장은 의미가 없을 것이다. 그는 이어서 〈자연에 인공이 끼어서는 자연이 아니다. 자연은 미추(美醜)를 초월한, 미 이전의 세계다. 사람의 꾀에서 생겨나는 인공의 미가 여기에는 있을 수 없다. 자연에는 오직 자연의 미가 있을 따름이며, 자연의 섭리에 입각한 만유존재 그 자체의 미가 있을 뿐이다. 미추를 인식하기 이전, 미추의 세계를 완전 이탈한 미가 자연의 미다〉라고 말한다. 그는 자연의 미를 미 이전의 세계, 미추의 세계를 이탈한 미로 정의하고 있다. 이를 조금 달리 말하면 무아의 세계라 할 수 있다. 그는 〈비조화의 조화〉, 〈무기교의 기교〉일 때 그 오묘 불가사의한 조화의 상태나 효과를 〈멋〉이라고 부른다고 한다.

그런데 그가 말하는 자연주의, 즉 대상을 있는 그대로 재현하는 것에는 이의가 제기되었다. 미학자 조요한은 한국의 고미술에 기본적으로 흐르는 특색을 〈자연주의〉라고 말하면서 르네상스기 미술에서의 자연주의와 19세기 프랑스 문학에서의 자연주의 모두는 외적 진실과 객관적 재현, 그 재현을 위한 과학적 방법론이 공통된 특성을 지녔다고 설명한다. 그렇게 보면 우리가 말하는 한국 미술의 〈자연주의적〉 특색과는 너무도 거리가 멀다. 동양 미술은 초기부터 〈자연으로의 접근〉과 〈자연 순응〉에 초점을 맞추고 있다고 설명한다. 따라서 그는 〈가능한 한 인공의 흔적을 줄이고〉 〈자연에 즉응하는 조화〉를 기도하는 부분만을 부각시켜야 할 것이라고 말한다. 적절한 지적이다.

그럼 조요한은 어떤 한국의 미를 주장하는가? 〈비균제성〉과 〈자연순응성〉이라고 정리하기도 하는데 그 과정을 살펴볼 필요가 있다. 왜냐하면 그는 현실을 중시하고 자연을 사랑하고 또 형식을 귀중히 여기는 점에 있어서는 고대 헬라스인과 고대 한국인의 이상이 같다고 말하기 때문이다. 그는 이렇게 반문한다.

우리가 앞에서 한국 예술의 〈자연순응성〉을 고찰할 때, 한국 예술이 〈예술의 규범과 수학적 비례에 익숙한〉 고전주의적 특색을 갖고 있다는 근대 한국에 왔던 독일인 신부 에카르트 같은 사람의 주장에 동의할 이는 별로 없었을 것이다. 그러나 지금 우아한 「금동미륵보살반가유상」과 「다보탑」의 조형, 그리고 석굴암의 불상 배치와 백호를 통한 반사광선 등을 고찰하면, 에카르트의 지적[3]에 수긍하지 않을 수 없게 된다. (……) 그런데 왜 우리가 한국 미술을 운위할 때 항상 수학적 비례에 개의치 않는 무작위의 〈무욕성〉 내지 〈무의지성〉을 말하고 또 〈무관심의 자연미〉라고 하였던가.[4]

이에 대해 그는 천마총에서 나온 천마도를 근거로 고전주의에서 빠져나온다. 그는 천마도에 대해 〈그것은 무속 신앙의 산물이다. 이 그림은 네 발로 공중을 질주하는 백마를 광물 안료와 바위를 부수어 만든 암채에 기름과 아교를 섞어서 그린 작품이다. 이 천마도에서 우리는 한민족의 무교적 뿌리를 극명하게 볼 수 있다〉라고 말한다. 그리고 그는 그것이 시베리아의 평원을 통과하면서 얻게 된 한국인의 독창적 체질 때문이 아닌가 추측한다. 이어서 그는 〈하나로 통합하려는 그 같은 활력적이고 낭만적인 체질 때문에, 분석적이고 수학적인 고전주의적 요소가 한국 예술의 주된 흐름이 될 수 없었다〉라고 말한다. 즉 샤머니즘적 요소가 고전주의적 요소보

다 더 강하기 때문에 샤머니즘적 요소를 주류로 보아야
한다는 것이다.[5] 어쨌든 그는 조선백자를 거치면서 결
론에 이르게 된다.

한국미의 진수는 잔재주를 부리지 않고 마음을 비우
는 제작의 태도에 있다. 잔재주를 부리지 않고, 노자의
〈무위자연〉이나 불가의 〈있는 그대로yathabhutam〉[6]가
한국의 고졸미를 낳았다. 분청사기의 꾸밈없는 자태처
럼, 저 유백색의 〈달항아리〉처럼 마음을 비워야 한국인
의 사랑을 받는다. 〈아름다움을 구하면 아름다움을 얻
지 못하고, 아름다움을 구하지 않아야 아름다움을 얻느
니라〉는 경구는 위대한 예술의 탄생을 위한 기본 자세
이다.[7]

이상의 논의를 통해 우리는 한국의 자연미를 미 이전
의 세계, 인공의 배제, 자연에의 순응, 무계획의 계획, 무
기교의 기교 등으로 요약할 수 있을 것이다. 그런데 이
미 본 바와 같이 이와 같은 특징은 조선 고유의 것은 아
니다. 이미 중국 당나라 비평의 기준이었으며 야나기 무
네요시도 일본의 공예에서 발견했다. 즉 새롭다거나 독
창적이라고 말하기는 어렵다. 게다가 이런 특색의 배경

에는 도교가 자리하고 있기에 중국, 일본, 한국 삼국 모두에게 해당되는 것이 이상할 것도 없다. 그렇다면 이런 특색들을 한국의 자연미라고 규정하는 것은 과연 정당한 것인가?

왜곡

대형 건축물은 종종 공사 중 붕괴된다. 프랑스 북부의 자랑거리였으며 고딕 건축물로서 가장 높은 아치 천장(높이 47.4미터)을 올린 보베 성당은 얇은 석조 골조만으로 가장 이상적인 스테인드글라스를 버티고 있는 아름다운 건축물이었으나 1284년, 미처 완공되기도 전에 아치 천장이 무너져 내리고 말았다고 한다. 이런 사례는 중국이나 한국에도 있었을 것이다. 그런데 이런 대형 건축물을 조성할 때에 〈무계획의 계획〉이란 자세로 임해도 되는가?

왕궁과 같은 거대한 건축물은 철저한 계산과 치밀한 시공 그리고 엄격한 감독으로 탄생할 것이다. 여기에 자연에의 순응이라든가 무기교의 기교는 부차적으로 보인다. 즉 완공 후에 그 건축물이 자연에 순응하는 모습을 보일 수는 있을지언정 설계나 건축 시에는 그런 것이 개입하기 어려울 것이다. 일필휘지로 자연과 하나가 되어 붓을 놀리는 것과는 차원이 다르기 때문이다. 치밀한 계획과 시공이 필요한 건축을 보면 한국의 자연미는 작품이나 제작 과정의 특색이 아니라 작품에 임하는 마음가짐이나 태도라고 할 수 있다.[8] 즉 궁궐을 짓든 도자기를 빚든 그림을 그리든 그 마음가짐이나 자세가 자연 순응적이고 무관심이라는 것이다. 궁궐을 짓는 과정에서 무관심이란 용납이 되지 않을 것이다. 물론 마음 깊은 곳에서는 무관심이나 무기교의 기교를 추구할 수 있으나 그것은 보이지 않는 마음가짐의 영역이다. 이렇게 보자면 이것은 중국 당나라의 미적 기준과 일치한다.

문제는 마음이 그렇다는 것을 어떻게 알 수 있는가이다. 마음은 보이지 않고 말로써 확인할 수도 없다. 그렇다면 작품으로써 짐작하거나 확인하는 수밖에 없을 것이다. 그리고 미를 논할 때에는 작품을 봐야지 작품도 없이 논한다면 공상에 지나지 않을 것이다. 자연을 따르는 마음이 아무리 높게 평가된다 해도 역시 확인할 수 있는 작품이 있어야 한다. 따라서 한국의 자연미 지지자들은 해당 작품을 찾으려 했다. 그 결과 민예가 주 대상이 되었다. 이는 자연스러운 결과이다. 왜냐하면 위에서 본 바와 같이 대형 건축물에서 무계획의 계획을 찾기는 곤란하기 때문이다. 조요한도 다보탑이나 석굴암에서는 고전주의를 발견했다. 탑이나 정교한 조각에서 인공이 개입되지 않은 자연의 미를 찾는 것은 무리이다. 그림도 마찬가지이다. 신윤복의 그림을 아무 계획 없이 자연스럽게 그린 것이라 말하기는 어려울 것이다. 화가의 의도가 분명하며 구성도 치밀하기 때문이다. 아마도 민예를 제외한 다른 영역에서 자연미를 찾는 것은 쉽지 않을 것이다.[9] 고유섭은 이러한 무관심성은 도처에 드러나 있어 조선의 건축에는 목재의 자연적 굴곡이 아무런 정리를 받지 않고 그대로 사용되었고 무관심성은 마침내 자연에 순응하는 심리로 변한다고 말한다. 또한 건축이나 종에서 자연미를 발견할 수 있지만 그는 조선의 미술은 모두 다 민예적이라고 한다.

그러나 무기교의 기교를 한국미의 특징으로 파악하고 그것을 민예에서 찾으려는 고유섭의 주장이 그의 주장의 전부는 아니다. 그는 전혀 다른 주장도 한다.

조선미술사를 보면, 삼국기의 미술은 정히 상징주의란 것에 해당하며, 신라통일기의 미술은 고전주의에 해당하며, 고려의 미술은 낭만주의란 것에 해당하며, 끝으로 조선조의 문화는 실로 예술의 주도성을 잃어버리고 모든 것이 철학 내지 형이상학[유가이기설(儒家理氣

說)]에 굴복하고 만 형태를 정하고 있다.[10]

상징주의, 고전주의, 낭만주의, 철학 어디에도 민예의 자리는 없어 보인다. 고전주의도 민예라고 주장하면 민예와 정면으로 배치될 것이다. 또 그는 다보탑의 기교에 대해서도 말한다. 이런 작품과 무기교의 기교가 상통한다고 하기는 어려울 것이다. 고유섭은 전반적으로 보아 각 작품의 특징에 따라 평을 하고 있다. 그가 민예를 중심에 두고 구수한 맛 등을 무리하게 다른 분야로 확대 적용하려 한 흔적은 별로 없다.

그렇다면 그는 왜 한국미의 특징으로 무기교의 기교를 내세웠을까. 아마도 그것은 앞서 말한 바와 같이 조선의 독창성을 주장하기 위함이었을 것이다. 여기에 조선이 있다는 것을 말하고 싶었던 것은 아닐까. 그는 조선의 모든 문화를 관통하는 것은 없다고 말하기 때문이다.

혹자는 문화 방면에 있어 항구 불변적이요 보편무변성의 것으로 〈전통〉이란 것을 이와 같이 생각한다는 것도 상술한 존재론자적 견해이니, 〈전통〉이란 것을 마치 손에서 손으로 넘겨 보내는 공놀이에서의 공과 같이 생각하고 있다. (……) 〈전통〉이란 결코 이러한 〈손에서〉

〈손으로의〉 손쉽게 넘어 다니는 것이 아니다. 그것은 오히려 〈피로써〉 〈피를 씻는〉 악전고투를 치러 〈피로써〉 얻게 되는 것이다.[11]

이런 그의 확고한 태도를 보면 그가 한국적 특색이라고 거론한 것들은 역시 한국의 독자성을 내세우기 위한 방편이었음을 알 수 있다. 그런데 이후 그의 많은 주장 중에서 유독 무기교의 기교만을 강조하여 전면에 내세운 것 역시 한국의 독자성을 강조하기 위함으로 보인다. 그렇다면 이런 작업은 왜곡이 아닐까. 즉 우리가 필요하다고 여기는 것만 골라서 강조한 것은 아닐까. 그런 작업이 이루어진 이유는 역시 시대가 요구했기 때문일 것이다. 우리의 독자성을 찾고 확인해야 살아갈 수 있었던 시대였다는 것이다.

비트겐슈타인은 〈한 시대가 다른 시대를 오해한다. 그러나 왜소한 시대는 자기 고유의 추한 방식으로 다른 모든 시대를 오해한다〉고 말했다. 지난 한 세기가 그가 말하는 왜소한 시대였는지도 모른다. 이제 그런 시대는 갔다. 하지만 시대가 바뀌어도 아직도 오래된 유산들이 남아 있다. 하나하나 치워야 한다.

맺음말

지난 100여 년간 한국의 인구는 줄곧 증가해 왔다. 따라서 인구가 줄면서 야기될 수 있는 문화적 변화에 대해서는 심각하게 고민할 필요가 없었다. 하지만 이제는 다르다. 인구가 줄기 시작한 것이다. 그것도 급격히 줄어들 것으로 예측되고 있다. 통계청 자료에 따르면 2020년 한국의 총인구는 5197만 명으로 추산되는데 50년 후인 2060년에는 4525만 명이 될 것이라고 한다. 불과 50년 사이에 700만 명 가까이 줄어드는 셈이다. 옛날과 비교해 보면 더 실감이 난다. 한 자료에 의하면 1911년 남한의 총인구는 11,109,355명으로 1100만 명을 조금 넘은 정도였는데 한 세기 후에는 약 4000만 명이 증가했다 (김낙년 외 편, 『한국의 장기통계 I』, 해남, 2018, 86면).

문화는 사람들이 만들어 내는 인공 식물과 같다. 사람

이 없다면 문화도 없을 것이다. 이집트 신을 믿던 사람들이 사라진 후 이집트 신이 사라진 것과 같은 것이다. 우리가 아무리 한국적인 것을 외치더라도 한국 사람이 없다면 한국 문화는 자연히 소멸할 것이다. 이는 극단적인 경우라고 할 수 있지만 인구의 급격한 감소로 인해 문화가 심각하게 변할 것이라는 점은 부인하기 어려울 것이다. 이미 지방에는 폐교되는 초등학교가 늘고 있다. 아이들의 울음소리가 그친 곳이 많다. 하지만 이는 시작에 불과하다.

더욱 주목을 끄는 것은 인구 구성비의 변화이다. 통계청 자료는 65세 이상의 비율이 2015년의 12.8퍼센트에서 2065년에는 42.5퍼센트가 될 것이라고 예측한다. 이는 1910년의 65세 이상 비율과 비교해 보면 더욱 충격을 준다. 당시 남북한 65세 이상 비율은 합하여 3.3퍼센트 정도였다. 100명 중 3명 정도였던 것이다. 정리해 보면 1910년에는 100명 중 3명, 2015년에는 100명 중 13명, 2065년에는 100명 중 43명 정도가 된다. 노인이 이렇게 많은 사회가 어떤 모습인지 상상하기도 어렵다.

고령 인구의 증가는 곧바로 생산 가능 인구의 감소를 뜻한다. 노인이 느는 만큼 일할 수 있는 젊은이도 줄어들고 있다. 생산 가능 인구는 2015년에는 3763만 명이었지만 2065년에는 2062만 명으로 줄 것으로 예측된다. 어림잡아도 1700만 명의 일손이 사라지는 셈이다. 우리가 지금과 같은 생활수준을 유지하고 연금도 받고 의료 혜택도 계속 받으려면 젊은 사람이 늘어나야만 한다. 그런데 현실은 그 반대이다. 따라서 우리는 부족한 일손을 이민자나 인공 지능이나 로봇 그리고 정년 연장, 휴식 시간 연장 등으로 해결하려 할 것이다.

그런데 이런 대책은 모두 문화에 심각한 변화를 초래할 것이다. 외국에서 이민자가 많이 유입되면 문화는 뒤섞일 것이고 변화는 불가피할 것이다. 또한 인공 지능이나 로봇과 함께하는 생활은 관계 정립을 새롭게 할 것을 요구할 것이다. 로봇이 간병을 하게 될 터인데 우리는 로봇과 어떻게 지내야 하는가? 지금과 같은 방식이 통할지 의심스럽다. 한마디로 인구가 감소하는 사회에 대해 우리는 아무런 경험이 없기에 변화에 대처하는 방식을 찾지 못하고 있다.

생물은 자연적으로 자신을 복제한다. 식물이든 동물이든 개체 수를 늘려가는 것이 자연스럽다. 인구는 자연 재해나 전쟁, 전염병 등으로 인한 일시적 감소를 제외하고는 줄곧 증가해 왔다. 따라서 사람들이 문화를 생물과 같은 자연스러운 것으로 여기는 것도 이해할 만하다. 그

러나 다시 강조하지만 문화는 인간이 만드는 것으로서
자연의 일부가 아니라 인공 식물과 같다. 가만히 놔두면
죽는다. 모든 사람이 의도적으로 노력하지 않으면 어떤
문화도 지속되지 않는다.

후설은 전통은 기원을 망각하는 것이라고 말했다. 우
리가 전통을 말하는 것은 사실은 기원을 잊고자 하는 것
이다. 즉 우리는 전통을 만들고 싶어 한다는 뜻으로 보
인다. 기원 논쟁은 끝이 나지 않는다. 거슬러 올라가면
4대 문명이 나오는 것인가. 문화는 기원이 어디에 있든
지금 우리 사회에 필요한 것인가 아닌가 하는 문제이다.
필요하다면 받아들여야 한다. 수출은 신경 쓸 필요가
없다. 다른 나라에서 한국 문화가 필요하다면 무슨 수
를 쓰든 가져갈 것이다. 블랙핑크가 물론 홍보를 위해
애를 쓰지만, 다른 나라 팬들이 적극적으로 받아들이지
않는다면, 아무리 광고비를 써도 성과를 내지 못할 것이
다. 한국적인 문화가 아니라 한국 안의 문화로 나아가
야 한다.

주

1 고인 물과 흐르는 물

1 조지훈, 「고전의 가치」, 『한국학 연구』, 나남출판, 1996; 한편 미술사학자 고유섭은 〈이미 개인 의식이 농후해진지라 고려조 이후부터는 능히 국가적 위세를 대표할 예술품이 없다. 고려조 예술을 대표하는 불화와 청자, 조선조 미술을 대표하는 초상화와 문방구, 이것들은 다 귀족 사회의 수용(需用)에서 발달한 잦다란 예술품이요, 그 이상의 국가적 위세를 도울 만한 작품은 아니다〉(고유섭, 『조선미술사 상』, 열화당, 2007, 82면)라고 말한다. 한마디로 한 국가나 시대를 대표할 예술품이 고려나 조선에는 없다는 것이다.

2 일본 교토의 외곽 오하라에 있는 산젠인이라는 사찰에 불상이 있다. 국보라고 하는데 작품 자체도 인상적이지만 몇 백 년의 역사의 정취가 묻어 있는 사찰 안에 있어 더욱 인상에 남는다. 말 그대로 고향에 그대로 있는 것이다. 일본의 박물관은 의외로 빈약하다. 규모도 그렇고 수준도 그리 높아 보이지 않는다. 대부분의 문화재가 사찰이나 개인 소유라서 그렇다고 한다.

3 야나기 무네요시는 「보는 것과 아는 것」에서 〈보는 것보다 아는 것을 먼저 앞세우는 사람은 미를 느낄 수 없다. 보는 힘은 안으로 들어가지만, 아는 것은 주위를 맴도는 것에 불과하다〉(야나기 무네요시, 『야나기 무네요시의 민예·마음·사람』, 김명순 등 옮김, 컬처북스, 2014, 45면)고 말하면서 〈보는 일을 아는 일로 바꿀 수는 없다. 그러나 아는 것에서 보는 것을 이끌어 낼 수는 없는 것이다. 직관은 지식으로 바꿀 수 있어도, 지식에서 직관을 낳을 수는 없다. 그러니까 미학의 기초는 개념이어서는 안 된다. 미학자가 보는 힘이 없으면 미학에 종사하는 근본적인 힘을 잃게 된다〉라고 말한다(같은 책, 47면). 이런 입장은 「직관의 자유」에서도 확인할 수 있다. 그는 《아는 것》 위에 《보는 것》을 구축하면 역행된다〉(같은 책, 56면)라고 말한다.

4 고유섭은 《(첨성대의) 축석법은 고구려 장군총, 공주 백제성의 축석법과 공통되는 수법이다. 그 양식은 하부는 수직으로 시작되어 상부로 올라갈수록 벽면이 점점 내부로 완곡되어 가다가 전고 약 3분지 1 되는 부분으로부터 경사가 급하여지다가 3분지 2부가량부터 다시 회복하여 올라가서 최정(最頂)에 이르러 약간 외만하는 듯이 그쳤고 (……) 내부는 중공(中空)으로 정상까지 오르게 되어 측후(測候)하게 되었으니 (……) 그 윤곽 곡선의 완화한 변화에는 단아한 맛이 흐른다》(고유섭, 『한국건축미술사 초고』, 대원사, 1999, 74면)고 말한다.

5 제아미의 『풍자화전』을 말하는 것 같다. 노의 예능 연마 비결을 정리한 책인데, 지금 읽어도 꽤 흥미롭다. 몇 구절 옮겨 보자. 〈자신의 예능 수준이 어느 정도인가를 정확히 자각하고 있으면 그 자각하는 만큼의 꽃은 일생 동안 잃지 않고 지킬 수 있을 것이다. 하나 자신의 역량 이상으로 자만한다면, 여태까지 갖추어 왔던 꽃조차도 잃어버리게 될 것이다.〉(제아미, 『풍자화전』, 김충영 옮김, 지만지, 2012, 14~15면) 〈아무리 보아도 질리지 않는 배우가 있다. 이것이 강한 것이다. 언제 보아도 꽃다움을 잃지 않는 배우가 있는데, 이는 유현한 것이다.〉(같은 책, 65면)

6 17세기에 나온 『동의보감』에는 오장육부의 위치가 바르게 나와 있는가? 18세기의 『해체신서』가 중국 의서를 부정하고 있는데 조선은 어떠했는지 궁금하다. 나는 이 문제에 관해 판단할 만한 지식이 전혀 없다. 『동의보감』에서 심장

의 위치를 찾아보니 〈심장의 형태는 피어나지 않은 연꽃과 같으며, 위쪽은 크고 아래는 뾰족한데 폐에 거꾸로 붙어 있다(『의방유취』). 심장은 폐장의 아래, 간장의 위에 있다(『의학입문』)〉(허준, 『동의보감 제1편 내경편』, 동의과학연구소 옮김, 휴머니스트, 2002, 1061, 1063면)고 한다. 『해체신서』에는 〈심장은 살로 된 하나의 자루다. 흉부의 안쪽, 양쪽 폐 사이에 매달려 있고 포막이 둘러싸고 있으며 혈액을 운행시킬 수 있다〉(스기타 겐파쿠 외, 『해체신서』, 김성수 옮김, 한길사, 2014, 263면)고 되어 있다.

일본은 19세기에 세계 최초로 마취에 의한 유방암 외과 수술을 했다고 주장한다. 교토문화박물관의 기획전에서 에도 시대의 외과 수술 세트를 본 적이 있다. 〈화강류외과수술도구일식華岡流外科手術道具一式〉이었는데 종류도 많고 꽤 정교해 보였다. 물론 그것은 내가 문외한이기에 그렇게 보였던 것이리라.

7 『해체신서』 번역은 〈눈썹은 눈 위에 있는 터럭〉이라는 단 한 줄을 번역하기 위해 긴 봄의 한나절을 보냈다거나 때때로 아침부터 저녁까지 한두 줄을 해독하지 못해 멍하니 서로를 쳐다보았다고 할 정도로 어려웠다고 한다.(Bob Tadashi Wakabayashi eds., *Modern Japanese Thought*, Cambridge University Press, 1998, p.36) 일본에서는 1875년 문부성이 서양칠과제를 공포하여 일곱 과목에 합격하지 않으면 의사 자격을 얻지 못하도록 했다. 이와 같은 일련의 의제 개혁은 전통 의학을 금지한 것은 아니었지만, 결과적으로 서양의학에 의거하지 않고는 의사가 될 수 없도록 함으로써 새로운 의사

를 배출할 수 없는 전통 의학은 사라지고 서양 의학이 일본 내에서 명실상부하게 중심에 서게 되는 의료 체계가 구축되었다고 한다.(스기타 겐파쿠 외,『해체신서』, 김성수 옮김, 한길사, 2014, 48~49면) 즉 일본에는 현재 한의사가 없다는 것이다. 이에 반해 한국은 한의사가 의료 체계의 한 축을 이루고 있다.

8 고유섭은 〈이리하여 조선조 말년에 새로운 계급투쟁이 시작되었으나 이때는 가까운 인국에서 뽑아 올 무기가 없었다. 대륙의 문화는 벌써 생명이 고갈했던 때이다. 새로운 무기는 대양에 있었다. 그 기운은 이미 임진왜란부터 보였으나, 그러나 이 새로운 무기는 너무나 먼 데 있었다. 계급 대립의 농숙 기간과 무기 소재의 섭취 노정의 차이가 너무나 심했다. 이 사이에 더욱이 동양의 풍운이 급급했으니 일본·러시아·청나라 삼국의 북새질은 조선 안의 신흥 계급의 성립 기회를 여지없이 파멸시키고 말았다〉(『조선미술사 상』, 52면)고 말한다.

9 고유섭은 〈조선 건축은 그 수법 형식에 있어서 조금도 중국본계의 양식을 이탈함이 없으나 또한 향토색의 수이(殊異)를 따라 다소 상위함이 있다. 일례를 들면 지붕의 곡선이 중국의 그것보다는 완만하여졌고, 일본의 그것보다는 굴곡이 있어 보이는 것이 그것이다. (……) 조선은 중국의 양식을 전부 포괄하여 그것을 변형시키지 못하고 다만 조선의 힘이 자라는 한에서 그를 섭취하고 말았다. 이것이 조선 건축의 동양에 있어서의 지위다〉(『한국건축미술사 초고』, 대원사, 1999, 12면)라고 말한다.

10 고유섭은 〈조선의 미술 문화도 다른 문화와 같이 철두철미 중국 문화의 모방에서 끝나고 만 감이 있다. 즉 삼한 시대의 진(秦)·한(漢) 문화, 삼국 시대의 육조(六朝) 문화, 신라 시대의 이당(李唐) 문화, 고려 시대의 송·원 문화, 조선 시대의 명·청 문화는 그대로 조선 문화의 배경이었고, 조선 문화는 곧 그들 문화의 한 축도(縮圖)였다〉(『조선미술사 상』, 49면)고 주장한다. 이는 독창성을 부인하는 뜻으로 읽힌다.

11 결혼이나 제사가 고인 물의 증거가 될 수 있다. 즉 중국에서는 시간이 지남에 따라 자유로워진 면이 있으나 한국에서는 중국보다 오히려 강고해졌다는 것이다. 하지만 이것은 재고의 여지가 있다. 구한말 이사벨라 버드 비숍은 한국의 여성들은 항상 멍에를 짊어지고 산다고 하면서도 〈남편의 경우 유일한 대응책이 이혼이며 재혼은 매우 힘들기 때문에 대개 아내의 성깔 사나움을 자신의 팔자소관으로 돌리고 그저 참아야 한다〉고 말한다(『한국과 그 이웃나라들』, 이사벨라 버드 비숍, 이인화 옮김, 살림, 1994, 143~144면). 예상보다 남자에게 이혼은 쉬운 문제가 아니었던 것으로 보인다.

한편 서양걸의 『중국가족제도사』(윤재석 옮김, 아카넷, 2000)에 따르면 〈봉건 시대 이혼의 방법에는 단휴(單休)·화리(和離)·관리(官離) 세 종류가 있었다〉(586~587면)고 한다. 단휴는 남편 또는 시부모가 일방적으로 부인 또는 며느리를 내쫓는 것을 가리키고 화리는 부부 간 감정상의 불화로 양 당사자가 원하여 하는 이혼으로서 오늘날의 합의 이혼과 비슷하다. 하지만 부부 당사자의 요구가 화리가 성립하는 결정적 작용을 하지는 못했다. 부모(주로 남자 측 부모)가 동의하지 않는 한 부부 사이의 감정이 완전히 파탄 나더라도 이혼할 수는 없었다. 그리고 관리는 관부에서 강제로 이혼시키는 것을 가리킨다. 그런데 법률상 이혼의 조건에는 칠출(七出)과 의절(義絶)이 있었는데 칠출은 조선의 칠거지악과 비슷한 것이고 의절은 부부 양쪽 사이의 문제 즉 배우자의 조부모나 부모를 구타하는 행위 등으로 은의를 단절하는 것이다. 이런 것들을 보면 결혼 문제에서 중국이 조선보다 더 자유로웠다고 하기는 어렵지 않을까 생각된다.

제사도 마찬가지인데 중국에는 침제, 묘제, 사제 등이 있는데 꽤 제사에 시달렸던 것으로 보인다. 서양걸의 책에서 〈이상과 같은 사제는 가난한 가족원에게는 재난이나 다를 바 없는 곤란을 안겨 주었다. 사제에 소요되는 비용이 워낙 방대하였기 때문에 이를 마련하기 위해서는 제전에서의 수입 외에 가족원에게 그 비용을 강제로 할당하였기 때문이다〉(같은 책, 598~599면)이라고 말하고 있기 때문이다. 비숍도 조선에 대해 비슷한 보고를 하고 있다. 〈기일이 되면 모든 자손이 모인다. (……) 경비는 장자나 상속자에게 부담 지워진다. 한 한국 남자는 그의 장조카에게 부담 지워지는 이런 의무로 인한 경비가 장조카 가족의 생활비보다 더 든다고 나에게 말했다.〉(『한국과 그 이웃나라들』, 336면)

12 조지훈은 『한국 사상 논고』에서 〈문화나 사상의 이동에는 하나의 문화권이 예상되고, 이 문화권은 문화 중심지와 문화 말초지로 나뉘어 그 중심지에서 말

초지에로 흘러들게 됩니다〉라고 전제하면서 〈외래 사상을 받아들인다 해도 우리는 다른 민족이 그것을 받아들인 것과 어떻게 다르게 받아들이고 어느 면에 치중하고 어떻게 변질시켰으며 토착화했느냐의 문제 ─ 곧 불교 사상은 중국과 일본과는 어떻게 다르게 변성시켰으며, 유교 사상은 일본과는 어떻게 다르게 받아들였느냐 하는 식으로 찾아볼 것이 한국 사상을 모색하는 길이라고 생각합니다〉(『한국학 연구』, 나남출판, 1996, 279면)라고 말한다. 암묵적으로 우리 문화를 문화 말초지에 놓고 수용의 독창성을 강조하는 것으로 보이는데, 문화는 중심지에서 말초지로 자연스럽게 흘러드는 것은 아니라는 점 그리고 다름이 곧 독창성이 되는 것이 아니라는 점을 간과한 것으로 보인다.

13 비틀스가 한국에서 공연한 적은 없지만 한국에 끼친 영향은 매우 컸다. 그런데 그들이 한국 공연을 한다고 해도 아마도 한국말로 자신들의 노래를 부르지는 않을 것이다. 인사말 정도는 한국말로 할 가능성이 있지만. 그렇게 하지 않아도 우리가 열심히 영어로 그들의 노래를 부른다. 이에 반해 한류 스타들은 한동안 열심히 일본어나 중국어를 공부하고 또 일본어나 중국어로 노래하면서 그 나라에서 활동했다. 연말에 가요제에도 나갔다고 한다. 비틀스가 한국에서 한국어로 꾸준히 활동하면서 연말 가요제에 나온다면 우리는 그들을 영국 가수로 볼까, 아니면 영국 출신의 한국 가수로 볼까?

14 노성환은 「일본 신화에 영향을 미친 한국 신화」에서 〈토인비는 문화 교류

에는 《교차로형》과 《막다름형》이 있다고 길에 비유하여 표현한 적이 있다. 교차로 형이란 지리적 조건상 사통팔달로 길이 뻗쳐 있기 때문에 문명이 사방에서 들어 와 사방으로 나간다는 것이고, 막다름형 이란 사방에서 문화의 영향을 받으면서 도 그것을 다른 곳으로 전할 수 없는 지역 을 가리켰다. 그 대표적인 예로 전자로는 아프가니스탄을 들었고, 후자로는 영국 과 일본을 들었다. 이처럼 토인비의 입장 에서 본다면 일본 열도는 문화의 막다른 길에 위치한 지역이다 (임재해 외, 『한국 신화의 정체성을 밝힌다』, 지식산업사, 2008, 199면)라고 말한다. 노성환은 한국 은 다르다고 생각하는 것으로 보인다. 왜 냐하면 한국은 일본에 천손강림신화를 전해 주었기 때문이라는 것이다. 그런데 토인비의 견해는 납득하기 힘들다. 지리 적으로 막다른 곳은 있을 수 없기 때문이 다. 세계가 둥근데 어디가 막다른 곳인 가? 문화의 높낮이가 있을 뿐이다. 일본 은 근대 이후에는 오히려 교차로형에 가 깝다고 해야 할 것이다.

15 진상범은 〈반 고흐에게 있어서 일 본 예술은 (……) 기존 전통의 예술에서 탈피할 수 있는 기폭제 역할을 하였다. 그 는 그리고자 하는 대상을 순간적으로 포 착하는 방법과 색깔을 빛나게 내는 기법 면에서 결정적인 영향을 받았다고 보인 다〉(진상범, 『서양 예술 속의 동양 탐색』, 집문당, 2011, 302면)고 말하며 역시 〈모 네의 작품 「일본 기모노를 입은 모네 부 인」에서 모네가 일본 부채를 그려 넣은 일 본의 우키요에의 모티프가 되었던 인물, 풍경 그리고 일본 붓글씨 등의 도입, 그리 고 모네의 「산책하는 사람들」과 「푸른 옷

을 입은 부인」에서 일본의 전통 의상인 기 모노를 입고 일본 부채를 들고서 길게 늘 어진 치마폭에 일본적인 분위기를 자아 내는 자세를 취하고 있는 모델의 묘사는 모네가 일본 예술에 얼마나 많이 심취되 어 있는지를 보여 주는 좋은 증거로 이해 된다〉(같은 책, 303면)〉고 주장한다. 고갱 은 〈그의 그림 「신들」에서 일본 키타가와 우타마로의 「고기를 잡고 있는 모임」으로 부터 영향을 받아서 검은 판에 새겨 넣음 으로써 음각된 부분이 하얗게 드러나는 이시즈리 기법을 도입하고 있다〉(같은 책, 305면)고도 한다. 미술에 그치지 않고 〈릴케는 프랑스에 체류하면서 일본의 전 통적인 하이쿠 시학을 체험하게 되고 1907년에는 「홀 안에서」라는 시에 하이 쿠의 형식과 정신을 표현하고 있다. (……) 하이쿠의 기조 정신인 선불교의 깨 달음의 시학을 보여 주고 있다는 점에서 일본 하이쿠의 시학의 본질을 완전히 이 해한 작가로 평가된다〉(같은 책, 305면) 고 한다. 또한 『암스테르담의 아시아 *Asia in Amsterdam*』(Karina H. Corrigan eds, Peaboy Essex Museum, 2015)를 통해 17세기 암스테르담의 황금시대에 소개 된 아시아 문화재를 볼 수 있다. 중국, 인 도, 일본의 문화재는 물론이고 스리랑카 의 상아로 만든 작은 상자, 인도네시아의 은으로 만든 뚜껑 있는 사발, 북베트남의 무기 걸이 등도 볼 수 있다. 한국의 것은 찾아볼 수 없다.

16 루신의 일본 유학 시절은 다자이 오사무의 소설 「석별」의 소재가 되었다. 센다이 의학전문학교에 유학 온 그는 작 품에서 본명인 저우수런으로 불린다. 이 소설에는 흥미로운 구절들이 있다. 센다

이 지역의 번은 1613년에 이미 하세쿠라 로쿠에몬을 단장으로 한 특사를 로마에 파견하여 다른 번들을 깜짝 놀라게 했다든지, 일본의 3대 절경이라는 센다이의 마쓰시마를 보고 〈이것이 일본의 운치겠죠. 무언가 한 가지 더 필요하다는 생각이 들게끔 하고는 침묵, Sittsamkeit(정숙함), 진정으로 훌륭한 예술이라는 것은 이런 느낌인지도 모르겠네요. (……) 이 경치에는 인간의 냄새가 전혀 없어요. 우리나라 사람들은 이런 쓸쓸함을 도저히 견딜 수가 없을 겁니다〉(다자이 오사무, 『쓰가루·석별·옛날이야기』, 서재곤 옮김, 문학동네, 2011, 209면)라고 말하는 장면 등이다. 마쓰시마에 대한 이 감상은 나의 것과 매우 비슷하다. 나도 이 풍경을 보고는 심심하다고 느꼈다. 또 작가는 저 우수런의 입을 빌려 〈문명이라는 것은 생활 양식을 하이칼라로 하는 것이 아닙니다. 늘 깨어 있는 것이 문명의 본질입니다. 위선을 감으로 간파하는 것입니다. 이 간파하는 능력을 지닌 사람을 교양인이라 부르지 않나요?〉(같은 책, 280면)라고 말한다. 문명은 생활 양식이라기보다 위선을 간파하는 능력이라는 것인데 꽤 설득력 있어 보인다.

17 다니자키 준이치로는 1933년 서양의 미에 대항하여 「음예예찬」이란 글을 발표했다. 그는 음예란 〈그늘인 듯한데 그늘도 아니고 그림자인 듯한데 그림자도 아닌 거무스름한 모습〉으로 설명하면서 이를 주제로 일본적 미를 밝히려 했다. 그는 〈서양 사원의 고딕 건축이라는 것은 지붕이 높고 뾰족하고, 그 끝이 하늘을 찌르고 있는 듯한 데에 아름다운 경치가 있는 것이라고 한다. 이에 반해서 우리나라

의 가람에서는 건물 위에 먼저 큰 기와를 덮어서, 그 차양이 만들어 내는 깊고 넓은 그늘 안으로 전체의 구조를 집어넣어 버린다〉(다니자키 준이치로, 『그늘에 대하여』, 고운기 옮김, 눌와, 2014, 30~31면)고 주장한다. 즉 서양이 빛의 문화라면 일본은 그늘의 문화라는 것이다. 이런 문화가 생겨난 배경에 대해 그는 〈아름다움이라는 것은 언제나 생활의 실제로부터 발달하는 것으로, 어두운 방에 사는 것을 부득이하게 여긴 우리 선조는, 어느덧 그늘 속에서 미를 발견하고, 마침내는 미의 목적에 맞도록 그늘을 이용하기에 이르렀다〉(같은 책, 32면)고 말한다. 어쩔 수 없는 생활 조건에서 나왔지만 이후 일본의 미가 되었다는 것이다. 교토의 난젠지 입구의 산문(山門)은 매우 넓은 그늘을 제공한다. 나는 이 그늘을 꽤 좋아해 갈 때마다 이 그늘에서 30분 이상 앉아 있곤 한다. 한국에서 이런 그늘을 제공하는 건축물을 만나는 것은 쉽지 않아 보인다.

2 문화란 무엇인가

1 문(文)은 원래는 사람의 가슴에 새기는 무늬를 뜻했다고 한다. 즉 〈文은 시신에 낸 무늬로부터 시각적 아름다움이, 다시 시각은 물론 철학적 형식미까지 발전하여 급기야 文學과 문학 행위까지 지칭하는 의미로 확장되었다〉(하영삼, 『한자어원사전』, 도서출판3, 2014, 247면)는 것이다. 그리고 〈化는 亻이 의미부이고 匕가 소리부로, 변화하다, 바꾸다의 뜻이다. 匕는 거꾸로 선 사람, 즉 죽은 사람을 뜻하며, 바로 선 사람(人)과 거꾸로 선 사람(匕)의 조합으로 삶과 죽음 간의 끊임없는

轉化를 그렸다〉(같은 책, 761면)고 한다. 일본의 메이지 유신 시대에 civilization 의 번역어로 다시 등장하면서 새로운 뜻을 것이 아닐까 한다.

2 문화/문명의 정의와 차이에 대해 정리된 것을 소개하자면 다음과 같다. 〈문화: 넓은 뜻으로 문화라 하면 우리 인간이 보다 훌륭한 생활을 하기 위하여 만들어내는 모든 활동을 말한다. 문명과 문화의 차이: 문화와 문명은 보통 같은 의미로 쓰이고 있으나, 이것을 구별하여 생각할 때에는 문화는 보다 정신적인 것 즉 말, 풍속, 종교, 예술, 과학, 도덕 등 눈에 보이지 않는 것을 말하며 문명이란 도구, 기계, 시설 등 눈에 보이는 물질적인 것을 말한다. 그러므로 문화를 말할 때에는 정신 문화라고 하며 문명을 말할 때에는 물질 문명이라고 한다.〉(아동백과사전 편찬회 엮음, 『아동백과사전』, 평문사, 1964, 115면)

3 문화가 인간 활동의 총체라면 문화를 넓은 의미로 해석하는 것이라 할 수 있기에 앞서의 나의 한국 문화에 대한 인상은 반박될 수 있다. 즉 문화재가 빈곤하다거나 문화가 다른 곳으로 흘러간 적이 없다는 것은 좁은 의미의 문화를 말하는 것이기 때문이다. 문화 상대주의에서 보면 문화는 애당초 우열을 가릴 수 없고 생활 양식은 그 나름의 합리적 질서를 갖고 있기 때문이다. 하지만 천박은 문화 전반에 대한 인상이므로 넓은 의미의 문화에 속한다. 고유섭은 민족과 그 민족이 만든 문화는 구별해야 한다고 말한다. 그는 〈민족성의 주체인 민족이란 역시 가치 형성의 주체이긴 하나 가치 평등의 대상은 아

닌 것이다. 가치 평등의 대상이 될 것은 그들로 말미암아 형성된 문화 그 자신에 있고 민족 그 자체에 있는 것은 아니다. (……) 숙명적으로 명예로운 민족이 따로 있는 것이 아니며 비난할 민족이 따로 있는 것이 아니다〉(고유섭, 『조선미술사상』, 108면)라고 말한다.

4 일본의 전후를 이끌고 있는 키워드는 평화, 민주주의, 문화이다. 이때의 문화는 물론 좁은 의미로 쓰인 것이다. 좁은 의미에서도 아주 순치된 의미로 정치와는 무관해 보인다. 〈문화의 향기가 높은 나라〉와 같은 구호가 그 사례 중 하나이다. 일본은 패전 후 연합군총사령부 지도 하에 헌법 개정이 있었고 이 구호는 개정된 헌법을 홍보하기 위해 만든 소책자 『새로운 헌법, 밝은 생활』에 등장했다. 즉 정치나 군사적인 것은 미국에 맡기고 일본은 문화의 향기가 높은 나라가 되라는 의도로 읽힌다.

5 문화가 〈삶을 풍요롭고 편리하고 아름답게 만들어 가고자〉 한다는 것은 쉽게 동의할 수 있다. 하지만 그것은 인문학자의 시각일 것이다. 분자생물학자에게는 진화나 발전이 아니라 유전자 복제가 생물체의 근본이다. 자크 모노는 〈현대 생물학의 입장에서 볼 때, 진화는 결코 생명체의 속성이 아니다. 왜냐하면 오히려 (분자적) 보존의 메커니즘이야말로 생명체만이 특권적으로 유일하게 가진 독특한 본성을 이루며, 진화란 이러한 보존 메커니즘의 불완전성으로 인해 일어나는 것이기 때문이다〉(자크 모노, 『우연과 필연』, 조현수 옮김, 궁리, 2010, 169면)라고 말한다. 그의 주장이 옳다면 인류가 지

금까지 가꾸어 온 문화는 본질적으로는 별 차이가 없다고 할 수 있을 것이다. 생물체라는 점에서는 지금도 여전히 분자적 보존이 이루어지고 있기 때문이다. 문화는 외부 환경 변화에 따른 대처 기술에 불과하다는 주장이 옳을지도 모르겠다.

6 정신적인 것으로는 민족정신, 겨레의 얼, 홍익인간 등이 흔히 거론된다. 이런 정신들이 고조선부터 지금까지 한국 문화의 중심에 자리하고 있다는 것이다. 민족이란 용어 자체가 근대의 산물이므로 이를 거슬러 올라가 적용하는 것이 정당한지는 논의의 여지가 있다.

홍익인간은 『삼국유사』에 처음 등장하는데 이 작품은 13세기에 쓰였다. 즉 13세기의 세계관을 반영하고 있을 뿐이지 홍익인간이 단군신화에 나오므로 단군 시대부터 이어져 온 시대정신이었다는 주장은 무리가 있어 보인다. 즉 삼국시대에 홍익인간 정신을 지도 이념으로 삼았다는 것은 어쩐지 이상해 보인다. 13세기 이후에도 조선이나 한국에서 그런 역할을 했는지 의심스럽다. 조선 시대에는 무엇보다 종묘사직의 보존이 우선이었던 것으로 보이기 때문이다. 물론 표면이 아니라 심층으로 가면 종묘사직의 보존 밑에 홍익인간 정신이 있었다고 주장할 수도 있을 것이다.

7 이런 생각은 『한국을 다시 묻다』(이찬수·최준식, 모시는사람들, 2016)에서도 볼 수 있다. 이 책은 한국적 정신에 대해 〈한마디로 한국인을 한국인 되게 해주는 근원적 정신이라고 할 수 있다. 어떻게 표현하든, 이러한 용어들은 한국인이 유사 이래 다른 것을 수용하고 창조적으로

종합해 온 원초적 능력에 붙여진 이름이다〉(같은 책, 13면)라고 정의하며 〈오랜 역사 동안 그러한 창조를 이루어 온 《주체》와 원천적 《능력》에 《겨레》와 《얼》이라는 용어를 붙이기로 한다〉(같은 책, 25면)며 다시 한번 강조한다.

8 고유섭은 〈혹자는 문화 방면에 있어 항구불변적이요 보편무변성의 것으로 《전통》이란 것을 이와 같이 생각한다는 것도 상술한 존재론자적 견해이니, 《전통》이란 것을 마치 손에서 손으로 넘겨 보내는 공놀이에서의 공과 같이 생각하고 있다. (······) 《전통》이란 결코 이러한 《손에서》《손으로의》 손쉽게 넘어 다니는 것이 아니다. 그것은 오히려 《피로써》《피를 씻는》 악전고투를 치러 《피로써》 얻게 되는 것이다. 그것을 얻으려 하는 사람이 고심참담·쇄신분골하여 죽음으로써, 피로써, 생명으로써 얻으려 해야만 얻을 수 있는 것이요, 주고 싶다 하여 간단히 줄 수도 있는 것이 아니다〉(『조선미술사상』, 열화당, 2007, 107면)라고 말한다.

9 한 가닥의 실이 면면히 한국 문화를 지탱해 왔다는 주장은 여전히 계속되고 있다. 역사학자 한영우도 여기에 속하는데 그에게 한 가닥의 실은 선비이다. 그는 〈내가 한국사를 공부하면서 가장 눈여겨본 것은 저 옛날 한국인의 무서운 생존 능력이 어디에 있었는가를 찾는 일이었다. (······) 이제는 내가 해온 모든 작업을 하나의 도가니에 넣어 녹이고 식혀서 하나의 틀을 짜야 할 시점에 와 있는 것 같다. 나는 이 작업을 선비지성, 선비문화라는 틀에 담고자 한다. 그 틀 속에서 정체성을 찾아보고, 그 틀 속에서 진화의 모습을 찾

고자 한다〉(한영우, 『한국선비지성사』, 지식산업사, 2011, 6면)고 말한다. 문제 의식과 주제를 확실하게 드러낸 것이다.

10 고유섭은 〈일반 민중의 미의식의 향상은 곧 그 사회의 미술 문화의 향상이며, 그 사회의 미술 문화의 향상은 이내 곧 다른 문화의 향상이 된다. 문화 부문은 서로의 도움이 있지 않으면 서로의 높은 발달이 없는 것〉(『조선미술사 상』, 열화당, 2007, 131면)이라고 말한다. 문학과 미술의 협업에 대해 주장하고 있는데 이는 이 두 분야에만 국한되는 이야기는 아닐 것이다.

11 비트겐슈타인은 〈문화란 말하자면 하나의 커다란 조직과 같다; 그것은 그것에 속하는 모든 사람에게 각각 자기 자리를 할당하여 거기에서 그가 전체의 정신 속에서 일할 수 있도록 하며, 또 그의 힘은 전체의 뜻 속에서 그가 이룬 성과에 의해 어떤 정당성을 가지고 측정될 수 있다. 그러나 문화가 없는 시대에는 힘들이 갈기갈기 찢어지고 개별자의 힘은 대립된 힘들과 마찰 저항들에 의해서 소모된다〉(루트비히 비트겐슈타인, 『문화와 가치』, 이영철 옮김, 책세상, 2006, 37면)고 말한다. 또 그는 〈문화는 단체 규칙이다. 또는 어쨌든 단체 규칙을 전제한다〉(같은 책, 163면)고 말한다.

12 〈46년의 긴 치세 동안 도종은 과거 시험을 시행하고 교육 기관인 국자감을 설립했으며 공자와 성인들을 숭배하였다. 심지어 자신의 신료들에게 조정에서 중국식 복장을 하도록 강요하였다.〉(디터 쿤, 『하버드 중국사 송: 유교 원칙의 시대』, 육

정임 옮김, 너머북스, 2015, 124면)

3 한국 문화의 뿌리

1 실제로 옛날 지도에 〈여기에 용이 있다〉는 문구가 등장한 적은 없다고 한다. (Simon Garfield, *On the Map*, Profile Books, 2013, p.72) 그리고 *Great Maps* (Jerry Brotton, DK, 2014)에서도 용을 찾지 못했다. 그런데 용이 상징하는 바는 야만의 세계일 것이다. *On the Map*은 〈많은 마파문디가 그렇듯이 여기에는 또 다른 이야기가 있다. 야생 — 무시무시한 것들과 미지의 땅 — 은 보는 사람들에게 문명과 질서와 (자기)통제의 찬란함에 대해 메시지를 보낸다는 것이다〉(p.48)라고 말한다.

2 고대 중국도 여느 지역과 마찬가지로 주술적인 영향 아래에 있었다. 시라카와 시즈카는 〈고대에는 고갯길과 바닷길 뿐만 아니라 모든 길이 걱정스러웠다. 만일 길 위에 저주가 걸려 있다면 그 길을 지나는 사람은 반드시 그 재앙을 입기 때문이다. 따라서 저주를 막기 위한 여러 가지 저주 방지책을 마련해 놓을 필요가 있었다. 道(길 도)는 글자 형태를 보아도 알 수 있듯이 머리(首)를 파묻어서 푸닥거리를 한 길을 가리킨다. 道를 가리키는 금문을 보면, 머리(首)를 손(手)으로 들고 있는 형태이다. 이는 전쟁 때 앞장 서는 것을 의미하는 용법이지만 어쩌면 실제로 머리(首)를 떠받들고 저주를 방지하면서 행군하는 모습을 형상화한 것인지도 모른다. 이민족 신에 대한 행위이므로 아마 이민족의 머리를 바쳤을 것이다〉(시라카

와 시즈카, 『한자의 기원』, 윤철규 옮김, 이다미디어, 2009, 87면)라고 말한다. 물론 다른 견해도 있다. 『한자어원사전』에 의하면 道는 〈首(머리 수)와 辶(쉬엄쉬엄 갈 착)〉으로 구성되는데, 首에 대해서는 의견이 분분하지만 사슴의 머리를 그린 것으로 보인다. 사슴의 머리는 매년 자라나 떨어지는 뿔을 가졌기에 순환의 상징이기도 하다. 그래서 道는 그런 순환의 운행(辶) 즉 자연의 준엄한 법칙을 말했고, 그것은 인간이 따라야 할《길》이었다. 이로부터《道》라는 숭고한 개념이 담겼고, 이런 길을 가도록 잡아(寸) 이끄는 것이 導이다〉(하영삼, 『한자어원사전』, 도서출판 3, 2014, 150면)라고 한다. 나는 앞의 해석이 더 원형에 가깝지 않나 생각한다.

중국에서 하늘과 인간이 분리된 것은 기원전 3세기라고 한다. 하늘과 인간의 분리가 뜻하는 바는 더 이상 하늘이 주술적인 힘을 갖지 않게 되었다는 것이다. 즉 하늘과 인간이 대등하게 되었다. 「할관자」에 다음과 같은 대화가 나온다고 한다. 〈방자가 할관자에게 말했다. 성인의 도 가운데서 어떤 것이 제일 먼저인가? 인간이네. 인간의 도 가운데서는 어떤 것이 제일 먼저인가? 무기(兵)이네. 왜 하늘을 제외하고 인간이 먼저인가? 하늘은 고원하여 이해하기 힘드네. 그 복은 간청할 수 없고 그 화는 회피할 수 없네. 하늘을 본받으면 흉폭해지네. 땅은 넓고 크며 깊고 두터우며, 인간에게 주는 혜택은 많지만 두려움은 적네. 땅을 본받으면 치욕을 당하네. 계절이 갈마들며 바뀌는 것은 일정하지 않네. 계절을 본받으면 일관성을 상실하네. 이 세 가지는 개혁을 제도화하고 풍속을 수립하는 데 사용할 수 없네. 따라서 성인은 이것들을 본받지 않네.〉(앤거

스그레이엄, 『도의 논쟁자들』, 나성 옮김, 새물결, 2015, 403면) 즉 하늘에서 분리된 인간을 기술하고 있는데 인간은 변덕스러운 하늘, 땅 그리고 계절에 의존하면 안 되고 인간을 믿어야 한다는 것이다. 같은 책에서 저자는 〈하늘과 인간을 성공적으로 재결합시킨 것은 오직 맹자의 성선설뿐이라는 (······) 심지어 유가 내부에서조차도 이러한 해법은 송대의 신유학자들에 와서야 비로소 정설로 인정된다. (······) 인간은 인격적 하늘에 종속된 것이 아니라 자연적 하늘과 땅 사이에 자리 잡은 존재로 인정된다. 심지어는 우주적 삼재를 완성시키는 불가결한 제3의 요소로도 인정되는데〉(같은 책, 399면)라고 말한다. 우주적 삼재는 물론 천·지·인을 말한다. 이때의 천은 고대의 주술적 천이 아니다.

서양에서도 천문학, 우주론을 통해 자연현상에 질서를 부여하려 한 것은 중국과 별로 다르지 않았다. 하지만 중국보다는 빠른 시기에 자연과 사회를 분리하였다. 한 연구는 〈폴리스라는 새로운 제도 안에서의 자연과 사회의 분리는 이성적인 사고의 준비 단계로 보인다. 토론이 일반화되고, 시민 문화와 법의 공표가 종교와 법에 의한 귀족 지배를 대체함으로써 지식이 알려지게 되고 사회적 대변동이 도시국가의 출현과 관련을 맺게 되었다〉(Kathryn Morgan, *Myth and Philosophy from the Presocratics to Plato*, Cambridge University Press, 2000, pp.31~32)고 말한다.

3 불안을 잠재우고 근심을 없애기 위해 만들어 낸 것 중 하나가 『역경』이다. 하지만 『역경』에 제시된 원리는 어느 하나

검증된 것은 없다. 세계가 음과 양을 바탕으로 한다는 것은 상정에 불과한 것이고 음과 양이 노양, 소음, 소양, 노음이 되고 다시 8괘로 나뉘는 것 역시 임의적이다. 물론 이렇게 상정할 수도 있다. 많은 체계가 상정으로 시작하니 특이한 것은 아니다. 그런데 『역경』은 인간과 자연을 하나라고 인식한다. 팔괘 중 하나인 손(巽)은 형태는 바람이고 성질은 들어감·우유부단이고, 인간으로서는 맏딸·장사꾼이며 사물로는 초목에 해당하고, 계절은 늦봄·초여름을 뜻하고 시각으로는 오전 7~9시이며 방위로는 동남쪽이고 동물로는 닭이 해당된다. 그리고 신체에서는 넓적다리에 해당한다고 한다(김경탁 역주, 『주역』, 명문당, 2011, 37면). 도대체 이런 결합의 근거는 무엇일까? 하지만 이런 의문은 얕은 수준이라고 이즈쓰 도시히코는 말한다. 주역에서 말하는 괘는 표층 영역이 아닌 심층적 의미라는 것이다. 그는 〈『주역』의 기호 체계는 (……) 우주의 만물 만상을 여덟 개의 원형적·심층적 의미 형상으로 환원해 제시하려는 주목할 만한 시도다. (……) 이 팔괘가 의미하는 하늘과 땅, 기타 자연물들은 결코 우리가 상식적으로 생각하는 자연물이 아니다. 음양 삼효(三爻)의 조합으로 이루어지는 기호 형상이 우리 의식의 깊은 곳에서 환기시켜 주는 아주 부동적이고 유연한 의미 형태로서, 어떤 막연한 방향을 향해 응집하려는 의미 에너지의 경향성이다〉(이즈쓰 도시히코, 『의미의 깊이』, 이종철 옮김, 민음사, 2004, 219면)라고 말한다.

4 이능화는 『조선무속고』에서 고구려부터 조선까지의 무속을 역사적으로 다루고 있다. 조선 시대에도 무속이 지속되

었음을 상세한 사료를 통해 보여 준다. 부록으로 중국 무속사의 대략이 붙어 있는데 〈한국의 무풍은 그 근원이 은나라 무속에서 나온 것처럼 보인다. 그렇지만 나는 단군의 신교가 실로 우리 한국 무풍의 시초라고 생각한다. 또 요나라·금나라·원나라·청나라의 무속이 우리와 비슷한데, 그것은 이 지역들이 본래 한국의 옛 영토에 속했기 때문이다〉(이능화, 『조선무속고』, 창비, 2008, 466면)라고 쓰여 있다. 과연 그런지 의심이 간다.

5 이 책에 이해하기 어려운 주장이 있다. 그는 〈만주와 연해주는 부여, 고구려 그리고 발해로 이어지는 우리의 구토요 고향과 같은 곳이다. 이것은 이 지역이 역사학, 고고학, 인류학 등에 걸친, 한국 인문학을 위한 《본 무대》라는 자각을 우리로 하여금 갖게 한다. (……) 이 지역에 대한 관심은 《실지 회복》이고 《자아 회복》과도 같은 것이 되어야 할 것이다〉(『동북아시아 샤머니즘과 신화』, 8면)라고 말한다. 왜 인문학 연구가 실지 회복과 연결되는지 알 수 없다. 또 그는 〈(일본이) 신도로 격상된 샤머니즘을 앞세워서 샤머니즘이 힘을 떨치지 못하고 있는 한반도를 침략한 것은 단순히 우연의 일치는 아닐지 모른다〉(같은 책, 30면)고 주장한다. 샤머니즘의 강약에 의해 침략이 정해진다는 것인가? 그럼 일본의 중국·미국 침략도 샤머니즘의 힘에 기인하는 것인가? 그럼 일본의 패배는 어떻게 설명할 수 있을까? 미국의 샤머니즘이 일본의 것보다 강했다고 해야 하는 것인가.

6 『장자』 추수편에 다음과 같은 구절이 있다. 〈그래서 《그른 것이 아니라 옳은

것만 따라라. 혼란이 아니라 질서만을 따라라〉하는 것은 천지의 결을 모르는 것입니다. 땅이 아니라 하늘만 따르라는 것과 같습니다. 양이 아니라 음만 따르라는 것과 같습니다. 이건 절대로 할 수 없는 것입니다. 그런데도 계속 이렇게 말한다면 이는 바보짓이 아니면 속임수입니다.)(『장자』, 조현숙 옮김, 책세상, 2016, 356면)

7 세계가 조화롭고 아름답다고 생각해도 균열을 피할 수는 없다. 운명도 그중 하나이다. 이런 점은 『장자』에서도 볼 수 있다. 〈죽음과 삶은 운명 지어진 것이다. 죽음과 삶이 밤과 낮처럼 항상성을 갖는 것은 하늘로 인한 것이다. 인간이 관여할 수 없는 것들, 그것들은 모두 사물들이 각자 지닌 그 사물들의 본질에 속한다〉(앵거스 그레이엄, 『장자』, 김경희 옮김, 이학사, 2015, 229면)라고 생각을 하지만 인간이 그렇게 이성적일 리가 있겠는가. 아무리 삶과 죽음이 하나이고 하늘의 이치를 따를 뿐이라고 생각해도 막상 죽음이 자신에게 닥치면 그렇지 않다. 왜 그게 하필 나냐고 묻는다. 『장자』에는 한 일화가 소개된다. 자여는 자상과 친구 사이였다. 언젠가 열흘 동안 비가 그칠 새 없이 내렸다. 자여는 자상이 곤란을 겪을까 걱정하면서 밥을 싸서 자상에게 가져갔다. 자여가 자상의 집 대문에 이르렀을 때, 현을 타며 마치 노래 부르는 듯 울부짖는 소리가 들려온다. 〈아버지였던가? 어머니였던가? 하늘이었던가? 인간이었던가?〉〈자여가 들어오면서 물었다. 「자네가 노래한 그 시는 무슨 의미인가?」「나는 누가 나를 이 지경까지 오게 했는지를 생각해 보았네만, 답을 찾지 못했다네. 내 부모님이 어찌 내가 가난하기를 바라셨겠는가?

하늘은 그것이 감싸고 있는 모든 것에 대해 공평하고, 땅은 그것이 싣고 있는 모든 것에 대해 공평하다네. 하늘과 땅이 어찌 나만 차별하여 가난하게 만들었겠는가? 나를 이렇게 만든 것이 누구인지 도저히 알아낼 수가 없었네. 그럼에도 불구하고 이 지경까지 이르렀으니, 이것을 운명이라고 해야 하지 않겠는가?」」)(같은 책, 250면) 운명에 관해 인간이 취한 태도는 그것이 불가항력적이라는 것이다. 운명은 질서와는 무관하다는 것을 보여 준다.

8 퇴근하고 집으로 돌아가던 공무원이 버스 정류장에서 기다리던 아내와 아이를 만난다. 몇 발자국 옮기지 않아서 앞서 가던 남편은 길가 아파트에서 투신한 사람한테 깔려 숨을 거두게 되었다. 이것은 실제 사건이다. 우리는 이 사건에 대해 뭐라 말할 수 있을까? 보통은 불운이라고 하지 않을까. 이처럼 불운은 갑자기 덮친다. 따라서 운을 어떻게든 질서의 세계로 편입시키려 노력해 왔다. 노력을 해야 운도 따른다든가 진인사대천명이라든가 아니면 모든 것은 신의 뜻이라든가 하는 식으로 처리해 왔다. 현대 철학은 세 가지 이론을 제시한다. 그것은 (1) 우연 조건 (2) 통제 결핍 조건 (3) 의미 조건으로 나눌 수 있는데 각각은 〈우연 조건의 핵심 개념은 운은 우연이라는 것이다. 통제 부족 조건은 사건이 행위자에게 운이려면 행위자가 그것에 대한 통제를 결하고 있어야 할 뿐이라고 거칠게 말할 수 있는 반면, 의미 조건은 사건이 우연이든 통제를 넘어서는 것이든 그것이 행위자에게 의미가 있지 않다면 운이라고 할 수 없다는 것이다.〉(Duncan Pritchard & Lee John Whittington eds., *The Philosophy*

of Luck, Wiley Blackewll, 2015, p.3)
니콜라스 레셔의 *Luck: The brilliant randomness of everyday life*(University of Pittsburgh Press, 1995)도 운에 대한 탁월한 분석을 제공한다. 그는 1945년 미국의 원폭 투하가 원래 목표지였던 고쿠라에서 나가사키로 변경된 것이 고쿠라 상공의 구름 때문이었다는 것에서 논의를 시작한다.

9　흔히 죽음에는 순서가 없다고 한다. 벼락 맞아 죽는 경우는 우리를 당황시킨다. 다음 이야기는 주자학에 등장하는 형제의 대화이다.

문: 선하지 못한 사람은 벼락을 맞아 죽는다고 합니다. 사람이 선하지 못한 마음을 품으면 벼락 치는 소리를 듣고 놀라 죽는 것이 아닙니까?

답: 그렇지 않다. 벼락을 맞은 것이다.

문: 만약, 벼락을 맞은 것이라면 누군가가 그렇게 하도록 한 것입니까?

답: 그렇지 않다. 사람이 악을 행했기 때문에 천지의 악한 기운과 충돌하는 악한 기가 있게 되고, 그래서 벼락을 맞아 죽는 것이다.(A. C. 그레이엄, 『정명도와 정이천의 철학』, 이현선 옮김, 심산, 2011, 69~70면)

벼락을 맞은 사람은 악을 행했기 때문이라는 것이다. 지진이나 벼락과 같은 인간이 통제할 수 없는 자연 현상을 개인의 선악과 연결시키면 이해하기가 일단 쉽다. 하지만 이런 설명이 과연 도움이 될까? 벼락을 맞은 사람 바로 옆에 있던 사람은 벼락 맞은 사람보다 덜 악한 것일까? 그 일대에 벼락 맞은 사람보다 더 악한 기운을 가진 사람은 없었다는 말인가?

1303년 9월 17일 중국 조성에서 리히터 규모 8의 강력한 지진이 발생했다. 강력한 진동으로 멀리 떨어진 황하 유역의 건물까지 무너졌는데 1차 진동 때 약 25만~50만 명에 달하는 사람이 사망했다. 그리고 명나라 때인 1556년 1월 23일에는 위하 유역에 큰 지진이 발생하여 공식적인 사망자 수가 83만 명에 달했다(티모시 브룩, 『하버드 중국사 원·명』, 조영헌 옮김, 너머북스, 128~130면). 이런 대규모 사망자들의 죽음을 개인적인 악행이나 악의 기운으로 설명할 수는 없을 것이다. 왜 하필 이때에만 악의 기운이 대규모로 뭉쳤을까? 이런 물음에 답하기는 어려울 것이다. 이런 재앙은 개인적인 도덕성이나 사정과는 관계없이 일어나는 사건일 뿐이기 때문이다.

자연 재앙을 개인의 도덕성과 결부시키는 것을 카뮈의 소설 『페스트』에서도 볼 수 있는데 오랑시에 페스트가 퍼지고 있을 때 파늘루 신부는 이렇게 말한다. 〈만일 오늘 여러분이 페스트와 무관하지 않다면 그것은 반성할 순간이 도래했기 때문입니다. 정의로운 사람들은 두려워하지 않아도 되지만 사악한 사람들은 두려움에 떠는 것이 당연합니다. 우주라는 거대한 곳간 안에 무자비한 재앙이 마치 볏짚에서 낟알들을 털어 내듯 인간이라는 곡물을 타작할 것입니다.〉(알베르 카뮈, 『페스트』, 최윤주 옮김, 열린책들, 2014, 124면) 그런데 소설에서도 나오듯이 왜 죄 없는 어린아이들까지 페스트로 죽어야 하는가요? 라는 질문에 신부의 설교는 답이 되지 못한다.

10　야마구치 마사오는 그의 저서에서 이렇게 말했다. 〈모든 문화는, 논리적인 명석함을 공적인 가치로서 아무리 찬양

한다 하더라도 그 문화 구조의 구석구석에 우리가 이러한 어둠과 만날 수 있는 장치를 감추어 두고 있다. 여기서 장치란 꿈일 수도 있고, 인간이 꺼리고 싫어하는 여러 장소 중 하나일지도 모른다. 공간적으로는 그다지 사람의 발이 향하지 않는 장소, 시간적으로는 역사가 시작되기 직전과 같은 형태를 띠기 쉽다〉(야마구치 마사오, 『문화와 양의성』, 김무곤 옮김, 마음산책, 2014, 13~14면). 빛과 어둠의 대비를 받아들인다면 한국의 경우 어둠을 담당했던 것은 샤머니즘이 아니었을까 생각한다. 문명이라는 빛이 공적 영역에서 작동했다면 샤머니즘은 이성 이전의 상황을 배경으로 하여 음지에 있었다고 할 수 있기 때문이다. 최준식은 『다시, 한국인』(현암사, 2016)에서 한국은 문기(文氣)와 신기(神氣)의 나라이며 신기가 신명의 원천이라고 말한다. 이때 신기는 야마구치가 말하는 어둠에 해당되고 문기는 논리적 명석함의 공적인 가치에 해당될 것이다. 이렇게 생각하면 한국의 특징이라고 하는 신기 즉 신명은 한국의 특수한 것이 아니라 보편적 문화의 한 면이 된다. 즉 야마구치는 낮을 항상성, 질서, 조화, 빛, 이성, 우애, 은정으로 파악한 반면 밤은 비닉, 주술, 기적, 발명, 창조, 폭력으로 규정하고 있기 때문이다.(『문화와 양의성』, 35면)

11 앵거스 그레이엄은 〈혼돈은 원초적 덩어리로서 (……) 모든 것이 함께 모여 있는 하나의 융합물이다. (……) 중국 음식점에서 식사하는 사람들은 고기 만두의 일종인 완탕의 형태로 혼돈을 만나게 될 것이다〉(앵거스 그레이엄, 『장자』, 김경희 옮김, 이학사, 2014, 264면)라고

말한다. 이것은 장자의 한 우화에 대한 주석인데 우화는 다음과 같다. 〈남쪽 바다의 황제는 급속함이고, 북쪽 바다의 황제는 맹렬함이며, 중앙의 황제는 혼돈이다. 급속함과 맹렬함은 때로 혼돈의 땅에서 만났는데, 혼돈이 그들을 아주 후하게 대접하였다. 급속함과 맹렬함은 혼돈의 덕에 어떻게 보답할지 의논하였다.《사람들은 모두 일곱 개의 구멍을 가지고 있어서 그걸 통해 보고 듣고 먹고 숨을 쉰다. 그러나 혼돈만 그런 구멍이 하나도 없다. 우리가 그걸 뚫어 주자.》그들은 매일 구멍을 하나씩 뚫었고, 이레째 되는 날 혼돈은 죽었다.〉(같은 책, 264면)

12 비트겐슈타인은 『철학적 탐구』에서 가족 유사성에 대해 〈우리가《놀이들》이라고 부르는 과정을 한번 고찰해 보라. 나는 판 위에서 하는 놀이들, 카드놀이들, 공놀이들, 격투 시합들 따위를 뜻하고 있다. 무엇이 이 모든 것들에 공통적인가? ─《그것들에는 무엇인가가 공통적이어야 한다, 그렇지 않으면 그것들은 놀이들이라고 불리지 않을 것이다》라고 말하지 말고, ─그것들 모두에 공통적인 어떤 것이 있는지 여부를 보라. (……) 당신은 그 모든 것에 공통적인 어떤 것을 볼 수는 없을 것이지만, 유사성들, 근친성들은 볼 것이기 때문이다〉(루트비히 비트겐슈타인, 『철학적 탐구』, 이영철 옮김, 책세상, 2006, 70면)라고 말한다. 그리고 〈나는 이러한 유사성들을《가족 유사성》이란 낱말에 의해서 말고는 더 잘 특징지을 수 없다. 왜냐하면 몸집, 용모, 눈 색깔, 걸음걸이, 기질 등등 한 가족의 구성원들 사이에 존재하는 다양한 유사성들은 그렇게 겹치고 교차하기 때문이다〉라고 주장

한다. (같은 책, 71면)

13 이 구절은 내가 이해한 바대로 번역한 것인데 이상하다고 여기는 분들은 이영철의 번역을 참고하기 바란다. (루트비히 비트겐슈타인, 『문화와 가치』, 이영철 옮김, 책세상, 2006, 57면)

14 김기봉, 「한국의 정체성」, 『한국학의 즐거움』, 휴머니스트, 2011, 245~246면

15 크리스토퍼 벡위드는 〈최초의 이야기〉의 핵심 요소를 다음과 같이 정리한다. 1) 처녀가 하늘의 영혼 혹은 신에 의해 임신을 한다. 2) 정의로운 왕이 부당하게 왕좌를 빼앗긴다. 3) 처녀는 신비로운 아들을 낳는다. 4) 정의롭지 못한 왕은 아이를 제거하라고 명령한다. 5) 야생 짐승들이 아이를 보살펴서 아이는 살아남는다. 6) 누군가 야생에서 아이를 발견하고 구조한다. 7) 아이는 자라서 말과 활을 잘 다루고, 활을 잘 쏘게 된다. 8) 그는 궁궐로 보내져 미천한 직책을 맡는다. 9) 그는 위험에 처해 죽게 되지만 탈출에 성공한다. 10) 그는 맹세로 뭉친 전사들을 얻는다. 11) 그는 폭군을 몰아내고 왕국에 정의를 다시 세운다. 12) 그는 새로운 도시 혹은 왕국을 건설한다. (크리스토퍼 벡위드, 『중앙유라시아 세계사』, 이강한·유형식 옮김, 소와당, 2014, 64면) 그리고 그는 또 〈주몽의 이름은 고구려에서 《활을 잘 쏘는 사람》을 의미한다고 한다. 주몽의 두 번째 글자 몽이 《훌륭하다, 뛰어나다》를 의미하는 것은 다른 고구려 자료에서도 확인된다. (……) 같은 이름이 같은 역사적 역할로 빈번하게 등장하는 것으로 봐서는, 최소한 두 개 이상의 민족들이 건국 신화에서 동일한 이름을 사용했음이 분명하며, 그들은 다른 누군가로부터 그 이름을 차용했을 것이다〉(같은 책, 670면)라고 말한다. 또 주몽이 물을 건너지 못할 때 도움을 준 것은 물고기와 자라였는데 사클라이 지역의 신화에서는 악어와 자라가 그 역할을 한다고 한다. 그런데 한국과 일본에서는 악어가 알 수 없는 수중 생물체이므로 익숙한 물고기로 바꾸었다는 것이다.(같은 책, 56면)

16 이런 글을 읽은 적이 있다. 〈물론 이것은 한국 사람들이 왜 그렇게 민족 단위의 미의 정의, 혹은 소위 한국미에 관해 비상한 관심을 갖고 호들갑인가 하는 것과는 별개의 문제이다. 아마 이것은 세계 문화사에서도 일본에서나 유례를 찾을 수 있는(혹은 원류가 그곳에 있는) 특이한 현상이 아닌가 한다. 한국미론에 관해 수많은 글이 나오고, 늘 상당 부수의 책이 팔리고, 이런 기획이 나온다는 것 자체가 또 하나의 흥미로운 ─ 실은 필자에게는 더욱 흥미로운 ─ 탐구 대상이 아닐 수 없다.〉(이주형 외, 『한국의 미를 다시 읽는다』, 돌베개, 2005, 257면)

그럼 일본은 언제부터 일본 문화의 독창성에 주목하고 작업을 시작했는가? 『일본문화론의 계보』에 의하면 메이지 개국부터라고 한다. 〈이런 상황에 호응이라도 하듯이 당시 일본에서는 세계적 관점에서 전통 일본 문화의 독창성, 우수성, 의의, 자리매김을 설명하는 문화론이 서구 문화에 정통한 한 무리의 지식인에 의해 창출되었다.〉(오쿠보 다카키, 『일본문화론의 계보』, 송석원 옮김, 소화, 2007, 11면) 여기에서 주목할 것은 이런 작업이 서구 문화에 정통한 지식인에 의해 행해

졌다는 것이다. 그렇다면 그전에 서구 문화를 몰랐던 사람들의 작업도 있었다는 것인가? 있었다. 국학파로 알려진 사람들이었다.

가모노 마부치는 『만엽집』 연구를 통해 일본의 고대 정신이 작위를 배제한 무위자연의 세계라고 파악했다. 즉 거기에는 사람들이 〈천지 그대로의 마음〉으로 살았던 원시 자연의 세계가 있다고 했다. 다시 말해서 일본의 독창성 탐구는 18세기에 시작되어 메이지 시대에 활발해졌다고 할 수 있다. 그리고 제2차 세계 대전 패전 후 재개된다. 이에 반해 한국은 아무래도 일본 지배기에 시작되었다고 할 수 있을 것이다. 고유섭은 한국미의 개척자로 알려져 있는데 활동 시기가 1930년대에서 1940년대이기 때문이다. 그는 한국 미술의 전통적 성격이라 할 만한 성격적 특색을 입증하려 했다. 이후 한국미는 주로 자연미와 소박미를 중심으로 논의가 전개되어 왔다.

이 책의 7장 「한국의 자연미」에서 자세히 기술하겠지만, 고유섭이 주장한 〈무기교의 기교〉나 〈무계획의 계획〉은 가모노 마부치의 〈무위자연의 세계〉와 얼마나 거리가 있는지 의심이 간다. 메이지 시대부터 일본미에 대한 논의가 본격화된 것을 보면 역시 그 동인은 서구에 대한 열등감이 아닐까 한다. 정치, 경제, 과학에서 월등히 앞선 서양에 대해 일본이 정신을 내세운 것은 일면 자연스러운 대처였다. 문화, 정신, 미 이런 것들에서 일본적인 것을 내세우고자 했던 것이다.

한편 한국은 일본의 지배를 받고 있었기에 일본에 대한 열등감이 있었다고 보는 것이 자연스러울 것이다. 그렇다면 똑같은 전략을 택하는 것도 이상하지 않을

것이다. 우리가 지배는 받고 있지만 정신세계에서만큼은 너희와 다르고 오히려 더 우월하다는 것을 입증하고 싶지 않았을까. 두 나라의 이런 태도와 전략은 충분히 이해할 만하고 당시의 시대적 배경을 고려하면 자연스럽다고도 할 수 있으나 이제는 시대가 변했으므로 다시 원점에서 검토할 필요가 있을 것이다.

17 유현과 모노노아와레가 일본 특유의 것은 아니라는 주장이 있다. 즉 철학자 화이트헤드가 추구한 미도 바로 이런 것이라고 한다. 한 연구는 〈일본인론 혹은 《일본적 특유함 이론》에 따르면 아와레는 소멸의 슬픈 혹은 비극적인 미로서 그리고 유현은 어둠과 그늘의 깊은 미로서 일본의 전통 예술과 문학에 독특하고 일본에만 있는 특유의 것으로 서양에서는 그에 대응하는 짝을 찾을 수 없다고 한다. 하지만 일본인론에 대한 반박으로 나는 유현과 모노노아와레라는 일본적인 미적 범주에 명확하게 필적하는 것이 화이트헤드의 저작 전집을 관통하는 과정 형이상학에서 발견될 수 있다는 것을 증명하겠다. 특히 그의 후기 사변적 저작들인 『관념의 모험』(1933)과 『생각의 양태』(1938)에 잘 나타나 있다〉고 주장한다.(Steve Odin, *Tragic Beauty in Whitehead and Japanese Aesthetics*, Lexington Books, 2016, p.171)

이 연구에 따르면 일본의 두 미적 개념은 마음-여정-모노노아와레 · 유현의 구조를 갖는데 화이트헤드의 것은 창의성-여정-비극적 미 · 반음영의 미의 구조를 갖는다. 여정이란 기반을 공통으로 하고 비극적 미는 모노노아와레에, 반음영의 미는 유현에 대응한다는 것이다. 책

에 나오는 용어는 일본적 미는 마음(心 [kokoro]: Creative Subjectivity of Heart-Mind), 여정(余情[yojo]: Overtones of Feeling), 아와레(哀れ [aware]: Tragic Beauty), 유현(幽玄 [yugen]: Dark Beauty) 등이고 화이트헤드는 창의성Creativity, 서정 Overtones of Feeling, 비극적 미Tragic Beauty, 반음영의 미Penumbral Beauty 등이다.(Steve Odin, 같은 책, pp.171, 173)

18 고유섭은 〈조선의 전(全) 문화를 볼 때 《중국=조선적》 문화라고 할 것으로 미술문화사도 거의 같은 방향을 걷고 있었다 하겠다〉(『조선미술사 상』, 228면)고 말한다. 조선 문화의 독창성을 부인하는 발언으로 보인다. 이런 입장은 회화에도 적용된다고 한다. 그는 〈조선의 회화는 근본에 있어 중국화의 한 유파에 속하는 것이라고 말할 것으로서, 상고부터 최후에 이르기까지 변함이 없다〉(『조선미술사 하』, 열화당, 2007, 195면)고 말한다. 근본적으로는 중국에서 벗어나지 못했고 한국적인 특색은 중국 문화의 정착 과정에서 자연스럽게 생긴 것뿐이라는 것이다. 하지만 그는 고려부터 민족적 의식이 싹텄다고 말한다. 그는 〈불교도 항상 중국을 통해 섭취했던 것인 만큼 중국적 문화로의 추세는 늘 면치 못했다. 다만 고려조부터 점차 민족적 의식이 엉키기 시작하여 단군설화의 성립으로부터 제일단의 구체화가 있었고, 조선대에 들어와 《한글》의 창립으로 말미암아 제이단의 구체화를 보였으나, 문화 추세는 항상 중국적인 범주를 벗지 못했다〉(『조선미술사 상』, 228면)고 말한다.

19 일본어의 영어 표기를 조롱하는 경우가 있다. McDonald's도 한 예이다. 우리는 〈맥도널드〉로 적는데 일본은 〈마구도나루도〉라고 적는다는 것이다. 영어로는 [məkdánəldz]로 발음하는데 강세가 없는 한국어나 일본어는 기본적으로 영어 발음을 있는 그대로 옮길 수 없다. 영어 입장에서 보면 〈맥도널드〉나 〈마구도나루도〉나 도진개진인 것이다. 즉 언어는 체계 대 체계의 문제이지 단어 대 단어의 차원이 아니다. 영어 McDonald's는 한국어 체계에서는 〈맥도널드〉이고 일본어 체계에서는 〈마구도나루도〉이다. 한국어 〈서울〉을 영어나 일본어로 옮겨도 마찬가지이다. 그들에게 [ㅓ]라는 음은 체계에 없기 때문이다.

20 노마 히데키는 〈해례본에 보이는 정음의 형태가 지향한 것은, 눈과 손의 수련을 통해 성립된 형태가 아니라 논리적이고 언어적인 지였다. 정신성과 결별하고 신체성마저 거부하면서 형태 그 자체가 말해 주고 있는 미, 아름다움이었다. 정음의 등장은, 완전히 새로운 미를 창조하는 게슈탈트의 변혁이었다. 해례본에 나타난 정음의 형태는 이리하여 왕희지를 정점으로 하여 동양을 지배하던 서예의 본질, 서예의 미학에 대한 근원적인 반역의 게슈탈트가 되었다. 산수화의 세계에 컴퓨터 그래픽이 출현한 것과 같은 충격인 것이다〉(노마 히데키, 『한글의 탄생』, 김진아 외 옮김, 돌베개, 2011, 332면)라고 말한다. 또 그는 〈세종은 이 전래 한자음을 본래의 한자음으로 바로잡고자 했다. 한자음이 문란해지고 있다는 것은, 무엇보다도 한국어 어휘에서 큰 위치를 차지하는 방대한 한자어 읽기가 문란해지

고 있다는 것으로서 잘못하면 이를 이후에도 방치하게 된다는 것을 뜻한다〉(같은 책, 275면)라고 말한다. 이 책은 한글에 대한 칭송으로도 보이지만 그보다는 저자가 말한 대로 〈한글을 본다는 일은 하나의 문자 체계를 뛰어넘어 언어와 음과 문자를 둘러싼 보편적인 모습까지도 보는〉(같은 책, 12면) 데에 목적이 있다. 글자의 창제 과정이 오롯이 담겨져 있는 경우는 매우 드문 경우여서 저자는 한글을 택하지 않았나 생각한다.

21 르 클레지오는 〈한글 읽기를 깨우치는 데 하루면 족하다. 한글은 매우 과학적이고 의사소통이 편리한 글자이다〉(『한글 우수성과 한글 세계화』, 한글파크, 2013)라고 말했는데 한글 낱글자에 대한 언급으로 보인다. 또한 펄 벅은 『살아 있는 갈대』의 서문에서 〈한글은 24개의 알파벳으로 이루어진 세계에서 가장 단순한 문자 체계이지만 한글 자모음을 조합하면 어떤 언어 음성이라도 표기할 수 있다. 세종대왕은 한국의 레오나르도 다 빈치이다〉라고 말했다는데 같은 취지로 보인다. 이런 식이라면 영어 알파벳도 하루면 익힐 수 있다. 하지만 문제는 언어란 낱글자가 아닌 체계라는 것이다. 한국어 문법이 쉽다고 누가 자신 있게 말할 수 있을까? 또 의미론은 어떤가? 어떤 언어든 어렵다. 한국어를 모국어로 사용하는 나 자신도 전자공학에 관한 책은 한글로 쓰여 있어도 까막눈이나 마찬가지이다. 즉 지적 수준이 못 미친다는 것이다. 한국인에게 한국어는 편할지 몰라도 글을 쓰는 것은 어렵다. 그것은 글쓰기가 논리의 세계이기 때문이다. 이런 사정은 미국인이든 일본인이든 마찬가지일 것이다.

22 한글은 아직 표기에서 안정되지 않아 보인다. 1950년 신문에 〈사나히 만히 알수있고 사나히 만히 맛볼수있는사랑! 사랑하는 그님의 환경만을 안고서 가리라! 영원한곳으로! 突然여러분에게 感想도 새로히〉라는 영화 「비련」의 광고를 볼 수 있다. 지금 보면 표기법이 낯설다. 그런데 영국의 철학자 흄의 『인간본성론 A Treatise Of Human Nature』의 첫 판은 1888년에 나왔고 그 후 별 변화 없이 지금까지 나오고 있다. 물론 같은 단어라도 의미는 변할 수 있을 것이다. 하지만 19세기의 책을 그대로 읽을 수 있다는 것은 위의 광고와 비교해 보면 분명히 안정감이라는 면에서 다르다. 셰익스피어도 마찬가지이다. 다만 동일한 단어가 당시에는 지금과는 다른 뜻으로 쓰였다는 것을 알려 줄 뿐이다. 예를 들어, lucky는 당시 〈성공적〉이라는 뜻이었지 지금과 같은 행운의 뜻이 아니었다고 한다(David & Ben Crystal, *Oxford Illustrated Shakespeare Dictionary*, Oxford University Press, 2015, p.186). 한글이 표기법에서 불안정한 것은 한창 발전 과정에 있다는 증거로 볼 수 있다. 물론 불편함도 있다. 나는 몇 차례에 걸쳐 맞춤법이 개정되는 변화를 겪어야만 했다.

23 물론 한국의 고유성을 주장하는 흐름이 있다. 한국사의 시작에서 중국을 배제하려는 것도 한 사례이다. 임재해는 〈우리가 지금 살고 있는 한반도나 만주 지역에는 본디 사람이 살지 않았거나, 사람들이 살아도 문화나 신화가 없었던 것으로 간주한다. 그러므로 우리 민족의 기원도 문화의 원류도 한반도 바깥에서 찾는 것이 예사다〉(임재해 외, 「한국신화의 주

체적 인식과 민족문화의 정체성」,『한국 신화의 정체성을 밝힌다』, 지식산업사, 2008. 19면)고 말하면서 〈신화의 본디 우리말을 찾아야 한국 신화의 정체성을 풀이하는 실마리가 드러난다〉(같은 책, 23면)고 한다. 그리고 〈고조선 이전에 형성된 환웅 시대의《신시 문화》를 고조선 문화의 원형이라 할 수 있으며, 민족 문화의 정체성도 이미 신시 문화에서부터 형성되기 시작한 것으로 추론한다〉(같은 책, 59면)고 주장한다.

이런 시도는 우리나라 역사 교과서에도 나타난다. 『중학교 국사』(국사편찬위원회, 교학사, 2002, 9~10면)는 「선사 시대의 생활」로 시작하는데 〈우리나라에 사람이 살기 시작한 것은 구석기 시대였다. (……) 일찍부터 만주 지역과 한반도를 중심으로 동북아시아 지역에 넓게 자리 잡았던 우리 민족은 신석기 시대와 청동기 시대를 거치면서 점차 민족의 기틀을 형성하고, 주변의 여러 민족과 교류하면서 독특한 문화를 발전시켰다〉고 기술한다. 구석기 시대를 시점으로 삼으로써 다른 나라의 개입을 차단하고 있다. 그런데 영국의 역사 기술은 다르다. 『옥스퍼드 영국사』는 「영국사의 시작」이란 소제목 시작하는데 첫 구절은 〈로마 지배하의 브리튼에 살고 있던 사람들의 수는 중세에 그 수가 가장 많았을 때의 인구와 비슷한 정도였다. 400년 동안이나 브리튼은 로마 제국의 일부를 이루고 있었는데, 로마 제국은 투르크에서 포르투갈까지 그리고 홍해에서 타인강 너머까지 뻗친 단일 정치 체제를 이루고 있었다〉이다(케네스 O. 모걸 엮음, 『옥스퍼드 영국사』, 영국사학회 옮김, 한울아카데미, 1997, 17면). 그러고는 〈로마 시대는 하나의 전환점이다.

브리튼의 땅에 사람들이 정착하게 되었다는 근원적인 의미에서보다는 이 나라가 선사 시대에서 역사 시대로 들어서게 되었다는 뜻에서 전환점인 것이다〉(같은 책, 19~20면)라고 말한다. 또한 브리튼에서는《민족national》감정 같은 것은 전혀 없었거나 거의 없었다〉(같은 책, 22면)고 기술한다. 우리로 말하자면 역사의 시작을 한사군에서 하는 것과 비슷하지 않을까. 영국은 역사 시대와 선사 시대를 칼같이 구분하는데 반해 우리는 선사 시대를 역사 시대에 포함시킴으로써 고유성을 지키려고 하는 것으로 보인다.

24 한 보고서는 아시아 대중문화를 개관하면서 한국은 미국 시장에 주목할 만한 영향을 주었다며 싸이의 강남 스타일을 예로 든다. 보고서는 〈한국에서 비롯된 「강남 스타일」의 물결은 2012년 세계를 휩쓸었다. 마돈나를 포함한 많은 세계적 스타들이 자신들의 월드 투어에서 강남 스타일을 공연한다. 따라서 강남 스타일은 아시아 대중문화 단절의 고전적 사례가 되었다. 그럼에도 불구하고 아시아 대중문화는 지구적/서구적 문화를 참조하면서 연구된다. 이런 점에서 아시아 대중문화는 세계적 주류 문화 연구에서 결코 분리되지 않는다〉고 말한다. 싸이의 「강남 스타일」은 미국과는 관계없이 어느 날 갑자기 튀어나왔다는 점에서 서구 대중문화와 단절된 아시아 대중문화이다. 하지만 전 세계적으로 히트했다. 그럼에도 불구하고 주류 문화 연구에서 분리되지 않는다는 것이다. 즉 세계적 주류 문화 즉 서구 문화의 일부가 된다는 것이다. 이것이 문화 강국의 현실적 힘이다.

이 보고서는 또한 〈케이팝 스타 비는

아시아 시장에서 일시적인 상업적 성공을 거두었지만 미국에서는 결국 실패했다. 아시아 팝을 미국 시장에 상품화하는 데는 심각한 난점이 있는데 미국 시장이란 추상적 차원의 세계적 시장일 뿐 아니라 구체적 차원에서의 특정한 지리학적 문화적 시장이다. 그것은 미학적인 차이를 제시함으로써 해소될 수 없다〉고 말한다. 비의 미국 실패가 단순한 미학적 차이가 아니라 미국이라는 나라의 특수한 지리적 문화적 차이에서 비롯되었다는 것이다. 이런 의미에 문화는 토착적이라 할 수 있다. 만약 그렇다면 세계 주류 문화는 미국 문화를 의미하고 미국 문화가 토착적이라면 세계 주류 문화는 결국 미국 토착적 문화를 뜻하는 것인가? 그렇다고 할 수 있다. 한국 가수의 노래가 일본 차트보다는 빌보드에서 몇 위를 하는가에 더 관심을 갖는 게 사실이지 않은가.

4 한국인의 가치관

1 서울지방경찰청 과학수사계 검시조사관인 정성국 박사는 지난 2014년 「한국의 존속 살해와 자식 살해 분석」 보고서를 발표했다. 해당 보고서는 지금도 한국 사회에 큰 파장을 주고 있다. 2006년부터 2013년까지 발생한 살인 사건 중 가족 살해만 분석한 것이다.(「영·미보다 5배 많은 가족살해…… 한국 〈집안 살인〉 많은 5가지 이유 있었다」, 『아주경제』, 2018. 1. 3)

2 박정희 시대의 경제 성장에 대해 그것은 한국 지도자와 국민의 힘이라기보다 미국의 의도 때문이라는 연구가 있다.

박근호는 『박정희 경제신화 해부: 정책 없는 고도 성장』(김성칠 옮김, 회화나무, 2017)에서 〈1965년 11월에 발표된 미국 정부의 「국가정책요강 한국편」에는 《아시아에서는 대만과 마찬가지로 한국을 비공산주의국가의 성공 사례로 입증하는 것》이라는 기록이 있다. 이는 대만 또는 한국과 같은 《쇼윈도》 모델로 자리매김되어 있음을 의미하는 것〉(376면)이라고 주장한다. 그는 〈베트남 전쟁이 확대되면서 한국은 미국의 안보 전략에서 반공주의의 보루라는 대단히 중요한 변수가 되었고, 《비공산주의국가의 쇼윈도》의 위상을 갖게 되었다. 이른바 《외향적 개발 정책전략》이라는 방향으로 발전해 나가기 시작한다. (……) 세계적으로 그 유례를 찾아볼 수 없을 만큼 긴밀했던 한·미 간의 정책 협조는 한국을 반공주의의 《쇼윈도》로 삼기 위한 미국의 수단이었던 것이다〉(378면)라고 거듭 강조한다.

미국이 의도하고 지원한 것이 사실이라고 해도 한국 정부가 이런 성장을 이끈 것은 사실이 아닌가? 이에 대해 그는 한국 정부가 내걸었던 정책은 달성되지 못했다고 하면서 〈요컨대 한국의 수출 계획 결과를 올림픽 경기에 비유해 말하자면, (……) 중점적으로 육성한 종목들에서는 금메달을 따지 못하고 오히려 축구나 육상, 수영, 승마, 농구, 요트 등 《예상 밖》의 종목들에서 6개의 금메달을 획득하게 된 것과 다름없는 것이다. 이러한 《예상 밖》의 결과는 당연히 미국의 《바이 코리아 정책》에서 비롯된 것이다〉(372면)라고 주장한다. 한마디로 말하자면, 한국 정부의 기여는 의심스럽다는 것이다. 그는 미국이 바텔기념연구소를 통해 KIST 설립을 주도하였고 이를 통해 전자 산업을 진흥시켰다는 구체적인 증거를 제시하고 〈특기할 사항은 미국 정부가 최고경영자들(CEOs)로 구성된 『톱 매니지먼트 시찰단』을 직접 지원한 사례가 전 세계적으로 영국과 일본 그리고 한국 세 나라뿐이었다는 점이다. 이 사실은 박정희 대통령 관련 비밀 해제 문서에서 확인할 수 있다〉(같은 책, 263면)고 말한다. 한국 경제 성장의 거의 모든 것이 미국 주도로 이루어졌다고 주장하고 있다. 만약 이것이 사실이라면 〈한강의 기적〉으로 일컬어지는 우리의 자부심은 어떻게 되는 것인가? 우리는 그저 임금 근로자에 지나지 않았으며 지금의 전자 산업의 눈부신 발전도 같은 선상에서 보아야 한다는 것인가?

3 김태길은 「조선 시대 소설에 나타난 한국인의 가치관」에서 조선 시대 소설을 통해 간접적으로 그 시대의 가치관을 모색한다. 그는 조선 시대의 가치관을 추출한 후 현대와 비교하여 몇 가지를 말한다. 〈조선 시대 가치관의 첫째 결함은 그 자기중심적 성격에서 찾아볼 수 있을 것이다. 여기서 《자기중심적》이라 함은 도덕적 의무의 근거 내지 근원을 자기와 다른 사람과의 개인적 관계에서 찾으려 하는 경향을 말한다. (……) 둘째 결함은, 높은 관직에 올라 영화를 누리는 것을 가장 귀중한 일이라고 생각한 가치 서열의 전도에서 찾아볼 수 있다. (……) 관직과 세도를 둘러싼 경쟁은 더욱 치열한 양상을 띠게 되었으며, 조선을 망국으로 이끈 당파 싸움을 더욱 조장하는 근본이 되기도 하였다. 세 번째 문제점은 그 비민주적 성격에 있었다. (……) 넷째 결함은 숙명론적 인생관과 밀접하게 관련되어 있다.(……) 앞에서 말한 결함들이 한데 어울려서 또 하나

의 결함을 초래하였다. 그것은 민족 내지 국가와 같은 더 큰 공동체의 질서와 발전을 도모하기에 적합한 행동의 원리를 체득하지 못했다는 사실이다〉(『우송 김태길 전집: 한국인의 가치관 연구』, 철학과현실사, 2010, 61~64면)라고 주장한다.

4 영국 일간지 『데일리 워커』는 대전 형무소 학살 사건을 1950년 8월 9일 자 1면에 대서특필하며 미군이 학살을 지원하고 있다고 맹렬히 비난했다. 〈대전에서 1km 떨어진 낭월마을 계곡에서 미군의 감독 아래 민간인 7천 명이 학살됐다. 학살에 이용된 총기는 미군이 제공한 것이며 7천 명을 실어 나르는 데 동원된 트럭 역시 미군이 준 것이다. 트럭 운전자 중에 미군이 있었다. 학살은 한국 경찰에 의해 저질러졌지만 이는 결국 미군에 의한 범죄로, 세계사에 있어 최악의 전쟁 범죄이다. 한국 경찰은 7월 2일 재소자들을 트럭으로 싣고 와 구덩이를 파게 했고 그들을 학살했다. 트럭이 계곡에 도착하기에 앞서 미군과 한국 고위 관계자가 2대의 미군 지프를 타고 현장에 나타났다. 학살은 7월 4·5·6일 사흘간 계속됐다.〉(김기진, 『미국 기밀문서의 최초 증언: 한국전쟁과 집단학살』, 푸른역사, 2005, 67면)

5 〈동족 학살은 마을 안에서의 좌와 우의 학살, 마을과 마을 간의 좌와 우의 학살도 적지 않았다. 이 경우에는 한 마을의 씨족과 다른 씨족 간에 또는 한 마을과 다른 마을의 씨족 간에 일어나기도 하였고, 거기에는 상호간의 역사가 있었다. 그것은 양반과 쌍놈 또는 노비 간의 관계일 수도 있고, 한말 의병기의 의병투쟁이나 독립운동, 친일 행위 등과 얽혀 있기도 하

였다. 또 수리 시설 등 농사 관계를 둘러싸고 있어 왔던 분쟁이나 산소 분쟁 등 각종 분쟁의 유산이 터진 경우도 적지 않았다.〉(서중석, 『조봉암과 1950년대(하)』, 역사비평사, 2000, 566면)

6 『오마이뉴스』의 이정희는 「MBC 스페셜 — 당신의 행복을 앗아가는 가짜 감정 중독」(2017년 8월)을 리뷰했다. 이 방송은 한국 사람들이 가짜 감정 중독에 빠졌다고 한다.〈불교와 유교 문화권의 동양에서 자신의 감정은 드러내기보다는 숨겨야 하는 것으로 각인되었다. 특히 일본의《가망(がまん)》문화는 일본인들에게 참으라고 강요한다. 그 결과 자신의 감정을 숨기다 못한 일본인들은 도진보(자살자들이 찾는 후쿠이현의 해안 절벽-인용자)를 찾는다. 일본만의 문제일까. (……) 자신의 감정을 드러내지 못하도록 강제된 사람들은 그 자기 강제된 감정이 왜곡된 형태로 드러나기 시작한다는 것이다. 슬픔을 화로 표현하는 사람, 화를 내야 하는데 우는 사람, 거기서 한 발 더 나아가 자신의 감정 자체에 무감각해져 버린 사람. 오늘날 상당수의 사람들이 자신의 진짜 감정이 무엇인지조차 모른 채《가짜 감정에 중독된 상태》라고 다큐는 진단한다.〉나는 구체적인 이런 사례들이 더 많이 연구되어야 한다고 여긴다.

7 여기에서〈잘 살기〉와〈행복〉을 구별해 보자. 행복은 18세기에 벤덤에 의해 발명된 것으로 역사적으로 보면 비교적 근래에 만들어졌다. 이에 반해 잘 살기는 고대부터 동서를 막론하고 존재했던 개념이다. 물론 다른 언어로 표현되었지만 기본적으로는 글자 그대로 잘 살기 즉

well-being이다. 한 연구는〈대부분의 현대 철학자들은《행복》을 단순히 긍정적인 심리적 상태(성향이든 발생하는 것이든)를 의미하는 데 쓴다. 그리고《잘 살기》는 인생을 사는 사람에게 좋은 삶을 의미하는 데 쓴다〉라고 말한다. 그리고 이어서〈나의 초점은 평생에 걸치거나 혹은 어느 정도의 기간에 속하거나 혹은 인생의 영역에 해당되는 행복이다. 순간적인 행복을 말하는 것이 아니다〉(Neera K. Badhwar, 'Happiness', *The Routledge Handbook of Philosophy of Well-Being*, Guy Fletcher ed., Routledge, 2016, p.307)라고 말한다. 나는 이 추세에 따르고자 한다.

8 유다이모니아eudaimonia는 행복으로 번역되기도 하는데 고대에는 마음의 상태를 가리키는 말은 아니었다. 그것은 덕이나 덕행으로 이루어지며 이성적이고 사회적 동물의 본성을 연마하여 완전하게 함으로써 얻는 것이었다. 소크라테스에게 유다이모니아는 잘 사는 것이며 잘 사는 것은 덕행을 행하는 것이었다. 이 점에 관해서 소크라테스, 플라톤, 아리스토텔레스의 입장은 다르지 않았다. 다만 아리스토텔레스는 유다이모니아가 덕이 있는 사람의 습관, 기술 그리고 지혜를 갖는 것에 있을 뿐 아니라 규칙적인 토대를 갖고 상당 시간 이러한 마음의 성질들이 방해받지 않고 행해져야 하는 것에도 있다고 했다. 즉 유다이모니아는 운에 취약하다는 것이다. 아무리 진리를 명상하려 해도 그럴 여유가 없으면 못하는 것이고 기회나 돈이 없으면 이런 것을 연마할 수 없다고 했다. 그는 어떤 사람도 불운에 취약하지 않은 사람이 없다는 것과 그럼

에도 불구하고 지혜, 정의, 용기와 같은 것은 선의 목록에 단순히 속하는 것이 아니고 그것들보다 높은 수준에 있다고 말했다. 지금 우리가 생각하는 것처럼 행복을 단순한 마음의 상태로 파악하고 있지 않다는 것은 분명해 보인다. 그보다는 잘 사는 것은 덕을 행하는 것이라 할 수 있다. 좋음을 마음의 상태와 동일시한 것은 데모크리토스였는데 이때 마음의 상태는 euthumia(마음의 즐거움)이라 했다.(Eric Brown, 'Plato on Well-Being', Richard Kraut, 'Aristotle on Well-Being', Tim O'keefe, 'Hedonistic Theories of Well-Being in Antiquity', *The Routledge Handbook of Philosophy of Well-Being*, Guy Fletcher ed., Routledge, 2016, pp.9~39)

9 김태길은 주관적/객관적 조건을 나누어 제시했으나 주관적이라고 해서 사람에 따라 다르다는 뜻은 아닐 것이다. 그는 〈행복한 사람으로 인정될 수 있기 위해서는〉이라고 시작하면서 주관적 조건을 제시하는데 여기에서 〈인정될 수 있기 위해서〉를 주목할 필요가 있다. 만약에 주관적 조건이 자기 마음대로의 뜻이라면 이런 표현은 필요 없을 것이다. 아마도 여기에서의 의미는 주관 의존적일 것이다. 자기 마음대로가 아니라 어떤 조건이 주관에 의존할 수밖에 없다는 뜻으로 생각된다. 가령 자신의 삶에 대한 보람을 주관적 조건이라고 한다면 자신이 느껴야만 조건이 성립할 것이다. 이에 반해 객관적 조건으로 제시한 건강은 주관 의존적이지 않다. 객관적 수치로 건강이 나쁘다고 증명된다면 자신의 태도나 견해와 관계없이 받아들여야 할 것이다. 그런 의미에

서 객관적이라 할 수 있다.

10 『우연의 과학』에서 저자는 〈운이나 불운은 피할 수는 없어도, 행운에서 최대한 많은 기쁨을 찾고 불운이 가져오는 참혹함이나 슬픔은 될 수 있으면 적게 하는 것, 때에 따라서는 전화위복이 되도록 하는 것은 각자 개인의 노력에 해당하는 부분이다. 이러한 문제에 관해서는 많은 인생론, 철학 또는 종교 서적에 나와 있으므로 여기서는 깊이 다루지 않겠다〉(다케우치 케이, 『우연의 과학』, 서영덕·조민영 옮김, 윤출판, 2014, 176면)고 말한다. 김태길의 주장도 철학 서적에 나와 있는 것 중 하나가 될 것이다. 다케우치는 〈우연이라는 것은 본래 불합리 또는 부조리한 것이다. 따라서 자신에게 좋은 우연은 행운이고 나쁜 우연은 불운이라고밖에 말할 수 없다〉(같은 책, 175면)고 하면서 현대에는 〈확률이나 기대 효용의 계산에 기초하여 행동함으로써 사람은 까닭 모를 운명이나 인연에서 벗어나거나 운, 불운이라는 비합리적 개념을 떨쳐 낼 수 있게 되었다고 한다. 그러나 확률이 낮은 일이 일어나기도 하고 현실의 결과가 기댓값대로 되지 않는 일도 적지 않다〉(같은 책, 174면)라고 지적한다. 그가 드는 사례 중에 결혼이 있다. 그는 〈배우자를 선택할 때, A와 결혼하는 경우와 B와 결혼하는 경우, 인생은 크게 다를지도 모른다. 양쪽 다 무한한 불확실성을 포함하므로 행복할 수도 불행할 수도 있다. 이때 일어날 수 있는 모든 일의 확률을 계산해서 행복도의 기댓값이 큰 쪽을 택해야 할까? 그러나 이는 불가능에 가깝고, 만약 가능하다 하더라도 무한한 가능성이 있는 인생에서 《기대행복도》가 무슨 의미가 있

을까. 배우자를 택할 때 《기대행복도》 계산 따위에 머리를 썩이느니, 망설임 없이 좋아하는 사람과 결혼하여 행복하게 살기 위해 노력하는 쪽이 훨씬 좋다〉(같은 책, 190~191면)고 권한다.

11 장덕진은 〈한국을 제외한 다른 네 나라에서 강한 탈물질주의와 약한 탈물질주의를 합친 탈물질주의자의 비중은 대체로 45퍼센트 근처이다. 국민의 절반 정도가 탈물질주의자이고 나머지 절반 정도가 물질주의자인 것이다. 그러나 미국(47.22%), 일본(42.95%), 스웨덴(51.32%), 멕시코(45.96%)와는 달리 한국에서 탈물질주의자는 14.4퍼센트밖에 되지 않는다. 우리보다 소득이 높은 나라들은 물론이고 1인당 GNP 7,000~10,000달러를 횡보하고 있는 멕시코조차 우리의 세 배가 넘는 탈물질주의자들을 가지고 있다〉(장덕진, 「데이터로 본 한국인의 가치관 변동: 김우창, 송복, 송호근의 양적 변주」, 『한국사회, 어디로?』, 아시아, 2017, 310면)고 말한다. 그의 주장이 사실이라면 한국 문화는 매우 물질주의적이라 할 수 있겠다. 그는 〈자기표현적 가치관이 늘지 않는 한, 물질주의를 버리고 탈물질주의적 가치관에 마음을 열지 않는 한, 공공성은 높아지지 않고 《공민》도 등장하기 어렵다. 생각해 보면 당연한 일이다. 《더불어 사는 시민》은 타인을 관용하고 모두의 평등과 인권을 생각하는 사람일 수밖에 없기 때문이다〉(같은 책, 316면)라고 주장한다. 물질주의에서 벗어나는 것은 시민으로 가는 길에 중요한 요소라는 것이다.

12 조선의 선비들의 글을 보면 미적

체험이나 독서를 매우 중시 여긴다는 것을 볼 수 있다. 이황은 〈무릇 일상생활에서 말을 적게 하고 욕심을 절제하며, 한가하고 고요하고 평온하게 지내야 한다. 그림 감상, 화초 구경, 산수 유람, 물고기와 산새를 완상하는 것 등등의 일도 진실로 뜻을 즐겁게 하고 마음을 기쁘게 할 수 있다면 항상 접하는 것을 싫어하지 말 일이다〉(박희병, 『선인들의 공부법』, 창비, 2013, 101면)고 말하며 서경덕은 시 「술회」에서 〈나물 뜯고 낚시질하여 배를 채우고 / 달을 노래하고 바람을 읊으니 정신이 맑아지네. / 공부하여 의심이 없게 되면 쾌활함을 느끼니 / 헛된 인생 사는 건 면했네그려〉(같은 책, 113면)라고 읊고 있다. 그런데 이런 사례가 선비들에 한정되는 것인지 아니면 조선 전체의 분위기였는지는 알지 못하겠다.

13 공자가 말하는 믿음은 말한 것을 지키는 것과 정의에서 벗어나지 않는 것을 의미하는 것으로 보인다. 학이편에서 자하는 〈친구를 사귈 때에는 말한 것에 대해 책임을 진다는 것을 비유한 말이다〉(미야자키 이치사다, 『논어』, 박영철 옮김, 이산, 2001, 23면)고 말하고 또 유자는 〈붕우와의 사귐에서는 정의에서 벗어나지 않으면 그 말을 신용할 수 있다〉(같은 책, 28면)고 말한다. 공자는 〈사람이 만일 신용을 잃으면 아무 데도 쓸데가 없어진다. 마차에 채가 없고 손수레에 채가 없는 것과 같이 되어 끌고 갈 방법이 없다〉(같은 책, 위정편, 45면)고 말한다.

5 한국인의 인생관

1 비트겐슈타인은 〈어떤 사람이 삶의 문제에 대한 해결을 발견했다고 믿고, 이제 모든 것은 아주 쉽다고 자신에게 말하고자 원한다면, 그는 자신에게 단지 다음과 같이 말하기만 하면 자신이 반박된다는 것을 알 수 있을 것이다. 즉 이 《해결》이 발견되지 않은 시대가 있었다고, 그러나 그 시대에도 사람들은 살 수 있었음에 틀림없고, 그 시대에 비추어 보면 그 발견된 해결은 우연같이 보인다고 말이다〉라고 말한다.(루트비히 비트겐슈타인, 『문화와 가치』, 이영철 옮김, 책세상, 2006, 32면)

2 죽으면 존재 자체가 소멸된다고 한다. 한 연구는 〈나는 사후는 없다고 가정한다. 만약 사후가 있다면 죽음의 나쁨에 대한 흥미로운 철학의 수수께끼는 사라질 것이고 비교적 진부한 인식론적 문제(사후가 어떤지 어떻게 알 수 있는가? 사후는 좋은가 나쁜가? 등)로 대체될 것이다. 사람이 죽으면 시체로 존재하는 것이 아니고 존재에서 완전히 퇴장한다고 생각한다. 프레드 펠트만은 이것을 《종결명제terminations thesis》라고 부른다〉고 말한다.(Ben Bradley, 'Well-Being and Death', *The Routledge Handbook of Philosophy of Well-Being*, Guy Fletcher ed., Routledge, 2016, p.320)

3 죽은 후에 명성을 얻게 되거나 원하던 것을 얻게 되는 경우가 있다. 명성을 원하던 무명 소설가가 사후에 바라던 것을 이루는 경우가 이에 해당될 것이다. 이에 반해 쾌락주의(헤도니즘)는 살아 있을 때에만 해당된다. 왜냐하면 죽으면 경험을 할 수 없게 되어 쾌락이든 고통이든 아무런 영향도 미치지 못하기 때문이다. 따라서 쾌락주의는 이 세상에서의 경험과 연결되지 않으면 안 된다. 이런 것을 〈경험 요구〉라고 하는데 쾌락이든 고통이든 그것이 경험이 되어야만 성립하기 때문이다. 한 연구는 이것을 〈1) 죽음은 개인 경험의 영원한 중단이다. 따라서 2) 개인의 삶은 그의 경험의 전체 집합이다. 3) 어떤 것이 개인에게 좋거나 나쁘려면 그것이 어떤 식으로 그의 삶에게 영향을 끼쳐야만 한다. 따라서 4) 어떤 것이 개인에게 좋거나 나쁘려면 그것이 어떤 식으로 그의 경험에 영향을 끼쳐야만 한다〉(Ben Bramble, 'The role of pleasure in well-being', *The Routledge Handbook of Philosophy of Well-Being*, Guy Fletcher ed., Routledge, 2016, p.207)라고 정리한다.

4 현세주의를 따른다면 지금 이 세상에서 실패보다 성공이 낫다. 성공해야 더 많은 즐거움을 맛볼 수 있기 때문이다. 죽은 후에 아무 것도 없다면 누가 이 세상에서 굳이 실패하려 하겠는가. 따라서 현세주의자가 세상에서 성공한 인생을 추구하는 것은 자연스럽다. 그렇다면 무엇을 추구하는가? 앞에서 김태길은 행복의 조건으로 주관적인 것과 객관적인 것을 제시했는데 주관적인 것은 관찰이 어려우므로 제외하기로 하고 객관적인 조건을 보면 생활 안정, 건강, 자아 성장, 공동체 구실 그리고 대인 관계였다. 따라서 김태길에 의하면 이런 목록을 만족시키면 행복하다고 할 수 있을 것이다. 그런데 흥미로운 것은 이 목록에 우리가 흔히 성공의

조건으로 여기는 것들이 없다는 것이다. 즉 권력, 돈, 자식, 배우자, 명예 등이 보이지 않는다. 이런 것들을 성취해야 성공했다고 하고 또한 즐거움이 따라온다고 여기는 것이 보통인데 그의 목록에서는 찾을 수 없다. 이것은 아마도 그가 철학자이기 때문이 아닐까 생각해 본다. 위에서 본 바와 같이 서양 철학자들에 비해서는 정신적인 요소가 많이 부족해 보이지만 한국의 실정에 비추어서는 매우 정신적이라 할 수 있다. 아마도 그는 한국인의 삶의 실상을 기술하기보다는 바람직한 목록을 제안하려 한 것이 아닐까 한다.

그럼 한국인이 성공의 조건으로 꼽는 것은 돈, 명예, 권력 그리고 가족이라고 가정해 보자. 이것이 더 현실에 가깝기 때문이다. 이렇게 해도 재미있는 현상을 볼 수 있다. 사람들은 이런 것들을 필사적으로 좇지만 동시에 그런 것들이 인생에서 그리 중요한 것은 아니라고 진지하게 여긴다. 즉 부자가 되려고 엄청 열심히 일하지만 때때로 돈 많이 있다고 행복한 것은 아니라고 스스로에게 되뇐다. 물론 실패했을 때를 대비한 자기방어라고 볼 수도 있지만 그렇다 하더라도 일말의 진심이 담겨 있다. 권력을 잡아 무시당하지 않으려는 생각이 강해도 권불십년이라는 말을 항상 기억하고 있다. 가족을 위해 열심히 일하고 자식이 잘 되길 바라지만 한편으로는 자신의 노후를 먼저 생각하기도 한다. 이런 성공관은 잘 살기에 대한 객관적 목록 이론과 흡사하다. 즉 목록에 있는 것을 더 많이 성취할수록 더 잘 산다는 것이다. 목록 10개가 있다면 6개보다는 8개를 이룬 사람이 더 잘 산 게 되는 것이다. 한국 현실을 바탕으로 한다면 돈, 권력, 명예 중 몇 개를 갖느냐에 따라 성공 여부

가 정해진다. 보통은 돈이 권력과 명예를 수반하는 경우가 많으므로 사람들은 돈에 집착한다. 권력을 갖는다 해서 돈이 따라오는 것은 아니다. 자연스럽게 따라온다면 보통의 경우는 부패이다. 또 높은 자리에 있다 해서 명예가 있는 것도 물론 아니다. 그렇다고 명예가 있다 해서 돈이 생기는 것도 아니다. 훌륭한 작가이지만 가난한 사람도 있다. 지금 우리 사회에서 돈을 갖는 것이 권력과 명예를 다 갖는 가장 빠른 길이다. 그런데 성공한 인생의 목록이 돈, 권력, 명예라면 그중 하나도 얻지 못하는 사람은 곧바로 패자가 될 가능성이 크다. 패자에게는 즐거움이 별로 없다. 따라서 현세주의를 따른다면 어떤 수를 쓰든 승자가 되어야 한다. 그래야 많은 즐거움을 누릴 수 있기 때문이다.

현세주의는 한국에서 승자와 패자를 나누고 있다. 사후에 보상받는 2라운드가 있다면 이 세상에서 꼭 성공할 필요는 없을 것이다. 오히려 저세상에서 승자가 되는 것이 더 현명할 것이다. 즉 지옥이 아니라 천국에 가는 길을 택하는 것이 합리적이다. 하지만 이 세상뿐이라면 승자가 되는 것이 합리적이다. 따라서 모두 승자가 되기 위해 전력을 다한다. 하지만 실제로 승자는 소수이고 대다수는 패자가 된다. 그리고 패자부활전은 없다.

5 플라톤은 『필레보스』에서 좋음을 다섯 등급으로 나누는데 즐거움은 최하등으로 취급된다. 첫째는 적도(適度), 절제 있는 것, 시의적절함 등과 관계있는 것이고, 둘째는 균형, 아름다움, 완전함, 충분함 그리고 이 부류에 속하는 것이고, 셋째는 지성과 지혜이고, 넷째는 지식, 기술, 바른 의견들이고 다섯째가 괴로움이 수반

되지 않는 것으로 정의된 즐거움이다. 이때의 즐거움은 영혼 자체의 순수한 즐거움으로 그중 어떤 것은 지식에 수반되고 어떤 것은 감각적 지각에 수반된다고 한다. 주목할 점은 즐거움은 좋음의 한 종류일 뿐 즐거움이 곧 좋음으로 취급되지 않는다는 것이다. 사람은 동물이지만 사람이 곧 동물은 아닌 것과 같다. 사정이 이러하다면 쾌락만이 좋은 것이라고는 말하기 어려울 것이다. 게다가 플라톤은 동물들이 쾌락을 추구한다고 해서 인간도 마찬가지라고 주장해서는 안 된다고 한다.

6 톨스토이처럼 의미가 없는 인생은 가치가 없다는 주장은 줄곧 있어 왔다. 한 연구에 의하면 인생을 의미 있게 만드는 것에는 세 가지 유형이 있다고 한다. 첫째는 초자연주의로 신이다. 신에 의해 인간이 삶의 의미를 갖게 된다는 것으로 종교가 인생에 부여하는 의미를 생각하면 쉽게 알 수 있다. 둘째는 주관적 자연주의로 자신이 좋아하는 일에 전력을 다하는 것이라면 그 대상이 무엇이든 관계없이 인생을 의미 있게 만든다. 셋째는 객관적 자연주의로 진, 선, 미라는 객관적인 가치를 추구하는 것이 인생을 의미 있게 만든다. 예술가나 과학자의 삶을 떠올리면 될 것이다. 하지만 의미 허무주의는 경계한다. 즉 적어도 철학적 논의나 반성에서 보자면 우리가 하는 것이 궁극적으로는 다 똑같다는 주장 즉 실제로는 아무것도 중요하지 않다는 주장을 받아들이면 높은 수준의 삶을 영위하기는 어렵다고 한다. 우리가 하는 것이 실제로 진정한 변화를 가져다준다고 믿으면서 자신의 즐거움이나 만족보다는 다른 사람을 공정하게 대하고 예술이나 과학적 행위에서 성취를 이루도록 애쓰라고 권한다.(Antti Kauppinen, 'Meaningfulness', *The Routledge Handbook of Philosophy of Well-Being*, Guy Fletcher ed., Routledge, 2016, pp.281~290) 하지만 여기에서 말하는 의미 허무주의는 모든 것이 헛된 것이니 욕심을 버리라는 허무주의와는 다를 것이다. 한국에서는 욕심을 버리라는 허무주의를 택하고 있는 것으로 보인다. 이것은 실패나 좌절에 대한 일종의 보험처럼 작동하고 있는 것으로 생각된다.

7 한 연구서는 〈잘 살기에 대한 쾌락주의는 가치에 대한 쾌락주의와 반드시 구별되어야 한다. 가치론으로서의 쾌락주의는 오직 긍정적인 경험만이 가치 있고 부정적인 경험은 가치가 없다고 한다. 이것이 잘 살기에 대한 쾌락주의와 일치하려면 잘 살기만이 그리고 잘 살기는 모두 다 가치가 있다는 가정을 덧붙여야 하는데 이는 물론 논쟁적이다〉라고 말한다.(Alex Gregory, 'Hedonism', *The Routledge Handbook of Philosophy of Well-Being*, Guy Fletcher ed. Routledge, 2016, p.113) 다른 문제도 이와 연관된 것으로 보통 〈경험 기계의 문제〉라고 한다. 노직이 제안한 것으로 연결만 하면 생각하는 것은 무엇이든 다 경험하게 해줄 수 있는 기계가 있다고 가정해 보자. 또 기계 안으로 들어갈 수도 있다고 해보자. 그리고 2년 후에 기계에서 나와 10분이나 10시간 정도 다음 2년의 경험을 고를 수 있다고 해보자. 그렇다면 당신은 다시 기계 속으로 들어갈 것인가? 이에 대해 노직은 아니라고 한다. 이유는 우리는 어떤 것을 단순히 경험하는 것보다 무엇인가

를 하기를 원하기 때문이고 또한 우리는 어떤 상태에 있기를 원하기 때문이라고 한다. 즉 우리는 어떤 종류의 사람이기를 원한다는 것이다. 기계 속에서 우리는 용감한 것도 친절한 것도 위트가 있는 상태도 아니기 때문이다. 그리고 우리는 실제 세계와 접촉하기를 원하기 때문이라고 한다. 기계가 만든 세계에 갇혀서는 더 깊은 세계에 의해 자극받을 수가 없기 때문이다.(Robert Nozick, *Anarchy, State, and Utopia*, Basic Books, 2013, pp.42~45) 즉 아무리 즐거워도 그리고 즐거움만 계속되어도 사람은 그것으로는 부족하다는 생각이 든다는 것이다.

8 한국은 자살 공화국이라고 한 보고서는 말한다. 〈우리 사회는 급격한 변화 속에서 자살률이 2004년부터 OECD 국가 중 최고의 수준에 이르고 있다. 2008년 현재 인구 10만 명당 자살자 수는 26.0명이며 자살 사망자 수는 12,858명으로 전년 대비 684명이 증가하였다. 이것은 매일 35.1명이 자살하는 셈이다. 아울러 자살률 증가 속도도 OECD 국가 중 최고로 1998년 대비 자살률 41.4%(7.6명)나 증가하여, 우리나라는 일명《자살공화국》이란 오명을 안고 있다.〉(김정은 외, 「자살의 원인과 대책 연구: 정신의학적 접근을 넘어서」, 한국보건사회연구원, 2010, 11면) 그런데 자살률은 줄지 않아서 2013년 사망 원인 통계에 의하면 한국의 자살률은 표준인구 10만 명당 29.1명으로 2위인 일본의 20.9명을 큰 차이로 앞서고 있으며 자살자 수도 2013년에는 14,427명에 이르게 되었다.(박상욱, 「한국의 자살 발생의 사회적 요인에 관한 연구-자살교사, 자살방조」, 한국형사정책연구원, 2014,

53면) 이렇게 심각하다면 한국 사회 내지 한국 문화의 중요한 면을 드러내는 지표라 할 수 있을 것이다. 세계에서 가장 자살률이 높은 나라. 그 원인은 어디에 있는가? 이에 대해 두 보고서 모두 자살은 개인적 요인뿐 아니라 사회적 요인의 문제라고 분석한다. 2014년 보고서는 〈문제 상황이란 사회 구조적인 영향력과 개인적 특성이 함께 작용하여 자살자 개인들에게 위기를 느끼게 하는 요소들을 말하는 것으로 정신 질환, 신체 질환, 스트레스 등과 같은 개인적 문제 상황, 경제적 실패, 취업이나 진학 실패 등과 같은 사회 구조적 문제 상황, 갈등, 단절, 이별, 사별 등과 같은 사회 관계적 문제 상황, 생명에 대한 관점, 자살에 대한 인식, 미디어 환경 등과 같은 사회 환경적 문제 상황 등으로 구별할 수 있다. 따라서 자살은 어느 하나의 요인으로만 설명할 수는 없으며, 여러 가지 문제 상황의 상호작용에 의해 발생한다고 보아야 하며, 이러한 이유로 자살에 대해서는 여러 가지 문제 상황을 종합적으로 고찰하는 총체적 접근과 각각의 문제 상황에 대한 세밀하게 파악하는 분석적 접근이 동시에 이루어져야 할 것이다〉(같은 보고서, 16면)라고 말한다. 여기에 사회 환경적 문제 상황 중에서 생명에 대한 관점에 주목할 필요가 있다. 지난 100여 년간의 역사적 경험도 영향을 미쳤을 수 있고 지금 이 세상만을 믿는 현세주의가 영향을 끼쳤을 수도 있을 것이다. 이 세상이 전부이고 그래서 죽음 후의 삶이 없다고 믿는 사람이 죽은 후의 심판과 영생을 믿는 사람보다 자살에 조금이라도 가까이 있는 것은 아닐까 하는 생각이 든다. 즐거움과 욕망 충족이 삶의 목표인데 그것을 얻거나 충족할 가능성이 사라지면 남은 가능성은 없기에 종교적인 나라보다 더 자살률이 높은 것은 아닌지 하는 생각이 든다. 하지만 위에서 지적했듯이 자살의 요인은 너무 복합적이기에 섣부른 예단은 삼가는 것이 좋겠다.

9 『이와나미 신서의 역사』는 1992년에 발간된 후쿠시마 미즈호의 『결혼과 가족』에 대해 〈저자는 이 책에서 《다양한 선입관》이나 《이래야 한다》는 것을 한번 백지로 돌린 다음 《어떠한 삶도 괜찮다, 선택한다는 것이 중요하다》라고 주장했다〉(가노 마사나오, 『이와나미 신서의 역사』, 기미정 옮김, AK커뮤니케이션즈, 2016, 361~362면)고 쓰고 있다. 이 책에 따르며, 후쿠시마는 사실혼 상태에서 아이를 낳은 경험을 소재로 결혼과 가족의 현재를 조명했는데 변호사 지인이 고개를 갸웃하며 〈축하한다는 말을 해도 되나〉는 말을 했을 때 조금 화가 났다, 구청 창구에서 직원의 퉁명스러운 태도에 〈흠, 미혼모에게 공무원은 이런 태도를 취하는구나〉라고 공부가 됐다. 집 우편함에 근처 민생위원 사람이 보낸 편지가 있기에 보았더니 〈주민표로 조사했는데, 모자가정의 실태 조사를 하기 위해 들렸지만 부재중이었습니다. 연락 주세요〉라며 전화번호가 적혀 있었다, 그런데 아이를 낳은 뒤 어쩐지 사람들의 시선이 부드럽다, 〈후쿠시마 씨도 역시 평범한 여자라 엄마가 되네〉라는 안도감이 떠돌고 있다, 그렇지만 반대로 말하자면 아이를 낳지 않은 여자는 진정한 여자가 아니지라는 편견이 사회 속에 강하다고도 할 수 있다, 부모님도 주위 사람들도 내가 아이를 낳았기 때문에 안심한 것 등을 기술하고 있다고 한다. 아직은 편견이 남아 있지만 선

택한 것 즉 자신이 하고픈 것을 하는 시대가 되고 있다는 것을 보여 준다. 그리고 지금은 그로부터 30년이나 흘렀다.

10 철학자 롤스는 시즈위크의 신중한 합리성을 따른다고 하면서 〈한 개인의 선은 어떤 조건들을 만족시키는 신중한 성찰에서 비롯된 추진하는 힘들의 가설적 구성물이다. 시즈위크의 개념을 계획 선택에 적용하면, 한 개인에 맞는 계획은 (계산 원리와 여타의 합리적 선택의 원리가 확립되기만 하면 그런 것들과 조화하는 것들 중에서) 신중한 합리성으로 선택하는 것이라고 말할 수 있다. 그 계획은 행위자가 관련된 모든 사실에 비춰 볼 때 이런 계획이 실현되면 어떻게 될 것인지 그리고 그로 인해 자신의 보다 근본적인 욕망을 가장 잘 실현시켜 줄 행위 과정을 확인하는 것을 검토한 주의 깊은 성찰의 결과로 결정되는 것이다〉(John Rawls, *A Theory of Justice*, The Belknap Press of Harvard University Press, 1999, p.366)라고 말한다. 그는 신중한 합리성은 욕망에서 비롯된다고 말하고 있다. 보다 분명하게 그는 〈자신의 욕구의 기원을 알면 우리가 다른 것보다 어떤 것을 실제로 더 욕망한다는 것을 완전히 투명하게 알 수 있는 일은 흔하다. 어떤 목적은 엄밀히 검토해 보면 덜 중요하게 보이거나 심지어 호소력을 완전히 상실하는 반면 다른 것들은 선택을 할 충분한 근거를 제시하는 분명한 탁월함을 띠기도 한다. 물론 우리의 욕망이나 혐오의 일부가 자라나는 불행한 조건에도 불구하고 그것들은 합리적인 계획 실현에 적합하고 심지어 크게 증진시키기도 한다〉(같은 책, pp.368~369)라고 말한다. 그는 선호론preferentism을

취한다고도 볼 수 있다. 욕구를 비교하고 더 욕구하는 것을 택하고 있기 때문이다.

11 율장은 〈비구들아, 출가자가 해서는 안 될 것이 두 가지 있다. 두 가지는 무엇이냐? 하나는 모든 욕심에 빠지는 일이다. (……) 다음은 자기 스스로를 괴롭히는 일이다. 이 어느 것이나 성스러운 것은 못 되며, 도움이 되지 않는다. 여래는 이 두 극단을 가까이 하지 않고 중도를 깨달았다〉(다카자키 지키도,『불교 입문』, 신법인 옮김, 김영사, 2002, 83면)고 말한다. 욕망과 관련해서는 3계의 구분이 있다. 〈3계는『베다』에서는 천(天)·공(空)·지(地)의 3계란 말처럼 신들을 역시 수직으로 배치하는 데서 시작되지만, 불교에서는 그것을 받아들이면서도, 거기에 선정(禪定)의 힘으로 도달할 수 있다는 고차원적 관념이 추가 되었다. (……) 단계에 따라 우리들의 욕망(고의 원인)의 제거를 목적하기 때문에, 선정의 효과가 나타나지 않는《욕계(欲界)》즉 욕망을 수반한 일상적 의식의 세계, 선정에 따라 욕망은 제거됐으나, 관계가 아직 남아 있는《색계(色界)》, 그 위에 육체의 속박을 벗어난 자유로운 정신만의《무색계(無色界)》란 3단계를 상정하여, 여기에 신들의 세계를 배치한 것이다〉(같은 책, 129면)라고 한다. 선정이란 〈한마음으로 사물을 생각하여 마음이 하나의 경지에 정지하여 흐트러짐이 없음〉을 뜻한다.

12 먼저 완전론perfectionism은 인간의 특징적인 능력의 발전이 선이라는 견해이다. 이때 두 가지를 주목해 보자. 하나는 특징적인 능력이 무엇인가이다. 이에 대해 아리스토텔레스는 덕, 플라톤은 영혼의 조화, 스토아 학파는 덕 그리고 니체는 초인이라고 한다. 대체로 이성을 그 특징으로 보는데 지식, 성취, 우정은 인간의 특징적인 능력의 발전을 나타낸다고 한다. 하지만 이렇게 되면 객관적 목록론과 구분하기 힘들어지는데 그것은 객관적 목록주의는 바로 이런 것들이 잘 살기를 구성한다고 주장하기 때문이다. 하지만 완전론은 이러한 것들이 인간의 특징적인 능력과 특별한 관계를 공유한다고 하는 점에서 다르다. 그 특별한 관계는 바로 위에서 말한 덕, 영혼의 조화, 초인 등이라 할 수 있다. 다른 하나는 발전이라는 개념이다. 완전론은 완벽주의가 아니다. 완벽해야 선이 된다는 것이 아니다. 완벽해서가 아니라 특징적인 능력을 발전시키는 데 선이 있다는 것이다. 이런 의미에서 〈발전론developmentalism〉이라 부르기도 한다.(Gwen Bradford, 'Perfectionism', *The Routledge Handbook of Philosophy of Well-Being*, Guy Fletcher ed., Routledge, 2016, pp.124~34)

13 서양에도 이와 같은 흐름이 존재했다. 한 연구는 〈인생의 즐거움은 소득과 부보다는 훨씬 공평하게 분배된다. 한 잔의 포도주, 한 잔의 커피, 한 모금의 담배, 애정, 낭만적인 사랑, 음악 소리와 예술 감상, 감동적인 소설, 아이들이 주는 기쁨, 구름 풍경, 저녁노을 또는 바다는 거의 모든 사람이 누릴 수 있다. (……) 높은 이상과 평범한 생활의 선호는 자본주의의 치명적인 손해가 그것의 이익을 상쇄할 수 있다는 것을 내포한다. 이 전통의 보고 중 하나는 금욕적이고 신비한 전통인데 초기 기독교 시대부터 지금까지 깨

어지지 않은 채 지속되고 있고, 다른 문화권에도 아주 유사한 것들이 있다. 기독교 금욕주의는 평범한 삶을 위대함의 장식과 어떻게든 결합했다. 불교의 금욕주의(때때로 역시 위대하다)는 더 요구가 지나치다. 즉 매일이 보시를 위한 새로운 원정이다. 계몽주의자는 자연에서 등가물을 찾았다. 그것은 자유로운 단순성을 상징한다. 루소는 고귀한 야만인을 칭송했고 문 밖에서 위안을 찾았다. 잘 살기는 소비하려는 강박 충동에서 내적으로 자유로워야 한다. 이것은 자기 억제라는 덕과 자유의 혜택을 결합시킨다. (……) 존 스튜어트 밀과 존 메이너드 케인스는 욕망에는 사려 깊은 제한이 존재하고 경제는 안정될 것이라 생각했다. 기본적인 직관은 타고난 재능보다 더 낮게 기대를 조정하는 것 뿐이다〉(Avner Offer, 'Consumption and Well-Being', *The Oxford Handbook of The History of Consumption*, Frank Trentmann ed., Oxford University Press, 2012, pp.669~70)라고 말한다. 기대를 낮추는 것이 잘 살기의 단순한 방법이라 권하고 있다. 욕망 충족 이론이 대세이기는 하지만 이에 저항하는 흐름도 존재한다.

14 물론 서양에도 이런 유형의 인생관이 존재한다. 존 브롬은 〈아마도 가장 좋은 삶은 위 아래로 왔다 갔다 하는 것이 아니라 평탄한 수준으로 잘 사는 것이다〉(John Broome, 'Weighing Lives', *The Routledge Handbook of Philosophy of Well-Being*, Guy Fletcher ed., Routledge, 2016, p.344에서 재인용)라고 주장한다. 일정 수준을 유지하면서 그대로 일생을 지속하는 것이다. 높이 올라

갔다 떨어지는 삶은 낮은 데에서 높은 곳으로 올라가는 삶보다 더 힘들 것이다. 게다가 이런 주기가 한 번이 아니라 반복된다면 차라리 높낮이 없이 평탄하기를 바라는 것이 자연스러워 보인다. 글래스고우는 〈예전보다 가난한 것은 나쁘다(……) 내가 높은 수준의 잘 살기에서 낮은 수준의 잘 살기로 간다면 그 자체가 나쁘다〉(같은 책, p.344)고 말한다. 이것은 시간적 순서를 말하는 것과 비슷하다. 인생의 전반부 30년을 화려하게 살다가 후반 30년을 비참하게 사는 것과 그 반대로 전반부를 비참하게 살다가 후반부를 화려하게 사는 것이 즐거움의 총량에서 같다 하더라도 아마도 누구나 후자를 택할 것이다. 시간의 순서도 분명 잘 사는 것에 영향을 미친다. 이런 굴곡이 싫어 평탄한 인생을 택한다는 것은 서양도 마찬가지이다.

15 이슬람이 보는 세계는 우리가 보는 세계와는 많이 다르다. 타밈 안사리의 『이슬람의 눈으로 본 세계사』에 의하면 〈십자군은 바그다드를 포위하거나 유서 깊은 페르시아를 침략한 적도 없었다. (……) 세계에서 딱히 서유럽에 대한 호기심을 불러일으키지 않았다. (……) 이슬람 세계에 유럽의 문화적인 바이러스를 사실상 전혀 옮기지 않았다. 오히려 영향력은 반대 방향으로 흘렀다〉(타밈 안사리, 『이슬람의 눈으로 본 세계사』, 류한원 옮김, 2011, 247~248면)고 한다. 이슬람과 한국은 문화 자체도 큰 차이를 보이지만 세계를 보는 눈도 큰 차이를 보인다. 우리는 지금도 서양의 시각에서 이슬람을 보고 있지 않은가. 우리는 제대로 접해 본 적도 없는 문화에 대해 편견 혹은 선입견을 갖고 있는 것이 아닐까 한다.

6 한국적인 건축

1 『한국 주거의 사회사』는 아파트에 관해 부정적 평가를 내리고 있다. 이 책은 〈1960년대 초반 마포아파트를 시작으로 본격화된 아파트는 도시와 농촌을 막론하고 확산되어 그동안 우리나라에 존재했던 주거 유형을 대체했다. (……) 특히 주요 도시에서는 서양에서 들어온 아파트가 우리의 전통적인 주거 유형을 몰아내고 양적으로 우위를 점하면서 주거 환경에서 역사적 연속성은 단절되었다. 또한 엄격한 의미에서 도시형 주거라고 할 수 없는 단지형 아파트가 주변 환경과 조화를 이루지 못하고 도심에까지 일반화되면서 도시 조직과 주거 환경의 연속성도 파괴되었다〉(전남일·손세관·양세화·홍형옥, 『한국 주거의 사회사』, 돌베개, 2008, 355면)고 말한다. 아파트가 대세라는 것은 인정하지만 왜곡이며 단절이라는 것이다. 이런 식이라면 지금 우리의 생활의 대세인 양복도 왜곡이며 단절일 것이며 식생활도 마찬가지일 것이다. 이 책이 이와 같은 태도를 취하는 원인은 아파트의 문제점 때문이 아니라 정체성에 대한 오해 때문으로 생각한다. 왜냐하면 이 책은 〈지금도 무수히 반복해서 지어지고 있으나 그 근거를 알 수 없는 오늘날의 주거를 보면 과연 우리의 주거 문화가 어디에서 와서 어디로 가고 있으며, 그 정체성이 무엇인지 파악하는 작업이 반드시 필요하다〉(같은 책, 12면)고 말하기 때문이다. 이 책은 정체성을 단단한 공과 같은 것으로 여기고 있다. 이 공이 어디에서 왔는지 그 역사를 알아야 하고 또 어디로 갈 것인지까지 알아야 한다고 여기고 있다. 정체성은 단단한 공과 같은 고체가 아

니라 수용, 변화하는 유동체이다. 국적 없는 문화라고 말하고 싶어 하는 것으로 보이는데 문화에는 국적이 없다.

2 건축가 김봉렬은 한옥이 중국의 집보다 훨씬 친자연적이며 밝고 위생적이라고 하면서 〈무엇보다도 한옥의 가장 큰 장점은 몸은 다소 불편하더라도 정신이 풍요로운 집이라 것이다〉(김봉렬 외, 「대한민국의 건축과 삶 그리고 자긍심」, 『대한국인, 대한민국을 말하다』, EBS미디어, 2017, 231면)라고 말한다. 가장 큰 장점을 정신적인 것에서 찾는다는 점이 이채롭다. 그럼 어떤 근거에서 이런 주장을 하는가? 그는 〈이렇듯 집이 크든 작든 그곳에 사는 집주인들의 생각과 정신이 한없이 넓고 건강하며 풍요로운 것이 바로 한옥의 정신이고, (……) 건물에 걸맞은 경관을 적극적으로 끌어들이고 자연뿐만 아니라 심지어 인간들의 행위까지도 경관의 요소로 삼는다. 하늘과 땅, 그리고 그 사이에 있는 모든 것들이 건물과 얽혀서 완전한 건축을 이루는 부유한 집이 바로 한옥인 것이다〉(같은 책, 233면)라고 주장한다.

이해하기 쉽지 않다. 한옥이 자연과 하나가 되어서 정신적 가치를 획득하는 것인지 집주인이 원래 정신적 가치를 지니고 있어 집도 그렇게 된다는 것인지 구별하기 어렵다. 분명한 것은 특정한 설계나 공간적 구조 등이 정신적 가치를 낳는 것은 아니라고 주장하는 것이다. 정신이 정신을 낳는 구조로 보인다. 그는 자연과 인공을 대비시키고 철저히 자연 편에 서는데 인공적인 것에 대해 적대감마저 표출하고 있다. 그는 〈베르사유 궁 정원은 웅장하고 화려하지만, 지극히 인공적이고

반자연적이다. (……) 막대한 인력과 돈을 쏟아 부어 생태계를 거스르고 시간의 흐름을 정지시켰다. 자연을 기하학적으로 고정된 채 영원히 변하지 않는 존재로 재현했다. 이를 과연 자연이라고 할 수 있을까?〉(같은 책, 208면)라고 말하기 때문이다. 여기에서 그가 말하는 자연은 장자의 자연과 가까운 것으로 개념적인 질서 세계를 가리킨다. 하지만 자연은 문화와 대비되기도 한다. 이때 문화는 인공적인 것이다. 물론 창덕궁도 그런 의미에서는 자연이 아니라 문화 즉 인공이다. 그리고 베르사유 궁원에서도 풍요로운 정신을 찾을 수 있을 것이다.

또한 그는 아파트가 한국 20세기 최고의 베스트셀러라는 것을 인정하지만 비판적이다. 그는 〈아파트는 독점적인 공장들이 생산해 낸 일종의 기성 제품들이다. 그러니까 대한민국은 똑같이 만든 기성 제품에 각기 다른 가정이 들어가 똑같은 삶을 살고 있고, 또 이러한 삶을 살 것을 강요당하고 있는 셈이다〉(같은 책, 228면)라고 말한다. 거친 관찰이다. 하지만 그는 유연한 면도 보인다. 〈주택의 모든 공간을 한옥식으로 하려고 고집할 필요는 없다. 이를테면 주방이나 침실, 화장실 등은 현대적 공법을 사용하고, 거실이나 서재는 한옥의 원형미를 느낄 수 있도록 만들어 조화롭게 배치한다면 현대적인 편리함과 한옥의 정신적 풍요로움이 동시에 느껴지는 우리 시대의 한옥을 만들 수 있다. 주택은 박물관이 아니라 사람이 실제 거주하는 공간이다〉라고 말하기 때문이다. 그런데 역시 관찰이 부족해 보인다. 프랑스 지리학자 발레리 줄레조가 이미 한옥이 어떻게 아파트로 옮겨갔는지를 자세히 관찰해 놓았기 때문이다. 그는 자

신의 입장을 정립하지 못한 것으로 보인다. 그는 〈한옥을 한국의 가장 전통적인 존재로 여기고 있는 사람들에게는 다소 충격적이겠지만 한옥의 대명사인 기와집은 엄밀히 따지면 중국 양식의 집이라고 할 수 있다〉(같은 책, 229면)라고 말하면서 〈기와집은 한옥의 일부일 뿐, 우리의 전통 건축 양식으로 지은 집은 모두 한옥에 속한다. 초가집, 샛집, 너와집, 굴피집 등도 모두 한옥이라고 할 수 있다. 한옥은 단지 하나의 건축 양식이 아니라 한반도의 자연 환경과 각 지역의 고유한 생활 방식, 한민족 특유의 정서, 더 나아가 이 땅의 선조들의 지혜와 정신까지 스며들어 있는 복합적인 생활 공간이다〉(같은 책, 228~229면)라고 주장한다. 여기에서 한옥은 기와집이 아니라 우리의 생활 방식과 정신이 스며들어 있는 생활 공간으로 정의된다. 그렇다면 아파트가 여기에 해당되지 않을 이유는 없어 보인다. 줄레조가 입증했듯이 아파트에는 우리의 생활 방식이 스며들어 있기 때문이다. 철근콘크리트 구조라는 건축 양식은 기와집이 그러하듯이 문제가 되지 않을 것이다. 게다가 가장 대중적인 주거 형태가 아닌가.

3 김인철은 〈변방 문화의 특징은 중심에서 공급되는 지식의 생산 과정은 생략한 채 결과만 수용해서 생기는 지식의 고정이다. 그 결과 중심의 지식이 계속 진화하고 있음에도 변방은 그 궤도에서 뒤처질 수밖에 없고 원전의 추종과 인용에만 매달리게 된다〉(김인철, 「한국성」, 『건축평단』 2015 겨울호 통권 4호, 정예씨, 10면)라고 말한다. 그는 한국의 문화가 변방 문화여서 독창성이 부족하다고 하면서도 〈한국성은 분명히 존재한다. 다만 그것

을 발견하지 못하고 있을 뿐이다〉(『건축평단』, 13면)라고 마무리한다. 김인철이 말하듯이 변방 문화는 지식의 고정을 특징으로 한다. 이 고정이 바로 고인 물이라고 할 수 있을 것이다. 이런 의식은 의외로 많은 사람들이 공유하고 있는 것으로 보인다. 나는 변방 의식이 열등감을 낳았다고 생각한다. 항상 원전을 의식하고 추종하다 보면 열등감이 자연스럽게 생길 수도 있을 것이다. 거기에다 일본 지배기는 단절이라는 의식이 더하게 되어 악화된 것으로 보인다. 조한은 〈한국적 건축에 대한 우리의 집착은, 40년간의 일제 강점기에 의해 박탈된 자주적 근대화에 대한 욕구와 근대적 사관이 결합된 독특한 건축관으로 해석할 수 있다〉(조한, 「르 코르뷔지에의 건축적 산책이 부석사에 있다고?」, 『건축평단』, 142면)라고 말하며, 박성용도 〈그간의 심미적 한국성은 한국의 내재적 상황에 대한 실제적 이해라기보다는 대체로 단절의 역사 이전에 대한 향수에서 기인했고 일종의 문화 콤플렉스의 발로였다〉(「한국성, 집단 정체성 또는 집단 무의식」, 『건축평단』, 101면)고 말한다. 또 그는 이어서 〈반면, 진정한 한국성을 발견하기 위해서는 한국 사회에 내재한 집단 무의식에 주목해야 한다. 표면에 드러나지 않은 실제 삶에 주목해야 한다〉(같은 책, 101면)고 말하는데 여기에서 말하는 집단 무의식의 표출이 행동 양식이나 생활 양식이 될 것이다.

4 박성용은 〈한국성을 규정할 때 빠지지 않고 등장했던 개념인 《마당》과 《비움》은 《지금 여기》 대한민국 건축의 내재적 상황을 얼마나 폭로하고 있나? (……) 비워진 마당이 갖는 의미는 조선 시대와 자본주의 사회에서 분명히 다르다. 전자가 검박함과 연결된다면 후자는 사치에 대한 공간적 표현일 수밖에 없다. 오히려, 서민 소득 대비 터무니없이 높아진 부동산 가치, 좁은 대지를 슬기롭게 사용해야 하는 소시민 자본의 한계, 자본주의 논리를 따라 높아져 가는 아파트 층수와 넓어지는 단지 규모, 그에 따른 도시 조직의 단순화와 규모의 탈-인간화, 턱 없이 부족한 공공 공간과 도심지 내 휴식 공간, 이런 것들이 현재 우리 도시 조직에 내재한 한국 건축의 현실이자 과제 아닌가? 이로부터 도출해 볼 수 있는 《지금 여기》 한국성의 문제는 《비움》이 아니라 《밀집》과 《혼잡》 아닌가?〉(「한국성, 집단 정체성 또는 집단 무의식」, 『건축평론』, 95~96면)라고 묻는다. 그는 한국의 현실을 보라고 한다. 이런 입장은 한국성을 개념에서 찾았기 때문이라는 주장으로 확인할 수 있다. 그는 〈거대 개념과 이미지가 지배하는 스펙터클적 한국성은 건축에 탈-세속적 아우라를 제공했지만, 그 하부에 위치한 토대들의 질식 상태를 가려 버렸다. 그것의 탈세속적 아우라는 현실의 불합리를 폭로하지 못한 반면, 그 현실과의 분리라는 (초월적) 특권을 누리는 것에 만족했고 예술과 산업의 파편화에 일조했다〉(같은 책, 99면)고 말한다.

5 한편 중국에서 나무 의자 생활이 상류 계급에서 일반화된 것은 12세기 말로 보인다. 한 연구서는 〈9세기에는 대자리의 개수로 방의 크기를 나타냈다. 상류층에 속한 사람들은 비로 쓴 바닥에 대자리를 깔고 그 위에 앉거나 누워 자는 것을 좋아했으며, 방바닥에 좌정하는 것을 특별한 계층의 사람들에게 가장 어울리는

자세로 간주했다. 2세기가 좀 더 지난 후, 재상 사망광과 같은 보수적인 가정의 가족 생활은 여전히 타일을 깐 바닥 위에 펼쳐 놓은 대자리를 중심으로 이루어졌다. 그는 당시에 최신 유행이 된 의자에 앉는 습관, 특히 여성이 그렇게 하는 것에 대하여 맹렬히 반대했다. 그런데 12세기 말에 육유가 본 바에 따르면 (……) 지금은 걸상, 가리개와 더불어 다양한 높이의 탁자가 없어서는 안 되는 필수품이 되었으며, 상류 계급의 가정은 대부분 바닥 생활에서 등받이가 있는 나무 의자 생활로 옮겨 갔다》(디터 쿤, 『하버드 중국사 송』, 육정임 옮김, 너머북스, 2015, 467면)고 말한다. 지금 우리의 상황과 비슷하다. 우리도 좌식에서 입식 생활로 옮겨가는 중에 있는 것으로 보이기 때문이다. 여전히 앉아서 밥을 먹고 공부도 하지만 점점 의자에 앉는 시간이 많아지고 있다.

6 발레리 줄레조는 《권위주의 국가는 인구 증가를 관리하고 봉급생활자들을 경제 발전에 헌신하도록 가격이 통제된 아파트를 대량 공급하려 했다. 중간 계급을 대단지 아파트로 집결시키고, 이들에게 주택 소유와 자산 소득 증가라는 혜택을 주었으며 그들로부터 정치적 지지를 획득할 수 있었다. 결국 이러한 상호 혜택의 구조 때문에 한국의 도시 중산층과 중간 계급 일반이 아파트 단지를 중심으로 하층의 사회 계층으로부터 공간적으로 분리될 수 있었다》(발레리 줄레조, 『아파트 공화국』, 길혜연 옮김, 후마니타스, 2007, 114면)고 말한다. 한국의 아파트 공급은 정치적 의도에서 행해졌으며 수혜자는 중산층이라는 것이다. 이는 상당히 타당하다. 한국에서 아파트 가격의 상승은 사회적 문제로 대두되지만 아파트 가격의 하락 역시 그에 못지않은 문제이다. 왜냐하면 아파트 가격의 하락은 중산층의 붕괴를 의미하기 때문에 이는 정치적 불안정으로 이어질 수 있기 때문이다. 따라서 아파트 가격은 매우 미묘한 문제이다.

흥미를 끄는 또 다른 주장은 유동의 문화와 축적의 문화의 대비이다. 저자는 《한국 도시 경관의 불안정성은, 서울뿐만 아니라 다른 도시에서도 찾아볼 수 있다. 이 불안정성은 우선 도시의 변화 속도에 있어서 과격함을 의미한다. 국토의 빠른 개발과 변모를 경험한 사회가 갖고 있는 공통적 특징은 《새 것에 대한 맹목적 숭배》로 나타난다. (……) 서울의 가옥 갱신 주기는 서구 도시보다 훨씬 짧다. (……) 그(베르크)는 일본에서 도시의 의미는 일본 내 시·공간 조직의 핵심이라 할, 유동의 문화culture de flux에 기초한다고 보았다. 서울 거주 공간의 계속적인 변모 역시 유동의 문화로 해석될 수 있을지 모른다. 유동의 문화에는 시간의 순환적 개념이 배어 있으며 서구인들이 발전시킨 축적의 문화culture de stock와는 그 의미가 매우 다르다. 축적의 문화는 직선적 시간성에 뿌리를 두면서도 이미 지어진 가옥의 영속성에 더 집착한다》(같은 책, 58~59면)고 말한다. 서울은 유동의 문화에 속한다는 것이다. 이런 지적은 앞서 말한 한국 문화의 천박과 연결되는 것으로 보인다. 한국 문화는 축적이 별로 없기 때문이다. 그런데 베르크는 일본의 도시 역시 유동의 문화로 보았는데 나는 일본 문화는 오히려 축적의 문화에 가깝지 않나 생각한다. 베르크의 관찰은 도시의 모습에 한정되었기 때문이 아닐까 짐작해 본다. 안을 들여다본다면 평가는 달라질 수 있을 것이다.

『京都時代MAP：傳統と老鋪編』(新創社, 2007)을 보면 오래된 가게가 자세히 소개되어 있다. 예를 들면, 요리 도구를 파는 아리츠구(有次)는 1560년에 창업했는데 지금까지 영업 중이다. 주소와 전화번호 그리고 홈페이지를 알려 준다.(같은 책, 104면)『도쿄의 오래된 상점을 여행하다』(여지영·이진숙 글·사진, 한빛라이프, 2014)도 같은 종류의 책인데 마메겐이라는 콩과자 상점은 1865년 지금 장소에서 창업했다고 한다(같은 책, 144면).

7 승효상은 〈물리적 행위가 아니라면 집을 짓는다는 뜻은 무엇인가. 바로《삶의 시스템》을 만드는 것이다. 즉《사는 방법》을 만드는 것이 건축이라는 뜻이다〉(승효상 외, 『건축이란 무엇인가』, 열화당, 2005, 16면)라고 말한다. 여기에서 시스템을 양식으로 바꾸어도 괜찮을 것이다. 그리고 그는 〈건축의 외형은 그 속의 삶의 시스템이 포장된 상태이다〉(같은 책, 21면)라고 말하며 〈우리의 삶을 짓는다는 것이 건축의 보다 분명한 뜻이라는 것이다. 이러한 좋은 건축의 목표는 무엇일까. 당연히 우리 인간의 삶의 가치에 대한 확인이다〉(같은 책, 26면)라고 마무리한다. 건축의 외형과 본질을 구분하고 있다. 이런 입장은 김인철에게서 더 구체적으로 확인할 수 있다. 그는 〈건축은 지어지는 것이다. 스스로 서 있어야 하고, 비와 바람을 막아야 하는 기본 조건을 갖추어야 하고, 그 안에서 일어나는 행태에 적절히 봉사할 수 있어야 하며, 이왕이면 아름다워야 한다. 건축은 삶의 형식으로서 사회의 진화와 함께 발달했고 환경과 문화의 배경에 따라 온갖 다양함으로 전개되었다〉(김인철, 「건축의 본질」, 같은 책, 53~54면)고 말한다. 건축은 삶의 형식이라는 것이다. 그러고는 〈일상은 보편적인 삶의 양식이며 규범이다. 건축도 그것에 연결되어 있어야 한다. 일상과 유리된 건축은 조형물일 뿐 건축일 수 없다. 설혹 일탈을 제공하는 건축이 있다 해도 그 역시 크게 보아 일상의 범주에 속한다〉(같은 책, 57면)고 말한다.

8 외형이 아니라 건축에 깃들인 정신에서 한국적인 것을 찾는 움직임도 있다. 김원은 〈우리의 전통 건축이 항상 어떤 사상적 신념의 토대 위에 세워졌다는 것은 대단히 독특하면서도 보편적인 가치를 가진다〉(김원, 『건축은 예술인가』, 열화당, 2007, 24면)라고 말한다. 그는 〈우리나라에서 건축은 예술로서 빚어진 조형과 감상의 대상이 아니라, 임금과 선비들과 일반 서럼들이 나름대로 가졌던 사상과 철학의 표현이었다. (……) 건축을 하는 모든 행위는 그것을 하는 사람의 이데올로기에 따라 결정된다〉(같은 책, 19면)고 주장한다. 그에게 건축은 사상이나 철학 혹은 이데올로기의 구현이다.

그런데 그는 현대의 건축을 부정적으로 보고 있다. 훌륭한 옛것들이 사라지고 복원되지 않기 때문이라고 한다. 그는 〈조선이라는 나라가 역사의 무대에서 사라진 후 우리는 건축과 환경에 대한 우리 고유의 고매한 정신을 잃었고 자연과 인간의 사랑을 배신하였다. 우리는 우리가 훼손한 자연에 사죄하고 화해를 청해야 한다. 그 사죄가 아직도 받아들여질지는 의문이지만. 지나간 격동의 백 년 동안 우리는 일종의 문화 대혁명을 치렀다. 그 개발과 건설이라는 광기의 소용돌이가 아직 멈추지 않았으나 지금은 우리가 잃어

버린 것들에 대한 진정한 가치를 떠올리며 반추와 재평가를 통해 핏속에만 남아 있는 DNA를 차분히 그리고 담담하게 복원해, 우리의 실패와 서양의 실패를 모두 치유할 방도를 찾아내야 한다〉(같은 책, 177~178면)고 주장한다. 변하는 생활양식을 보지 않고 눈앞의 현실을 외면하고 관념으로만 세계를 파악하고 있다. 그에게 지난 시대는 잃어버린 황금의 시대이고 현재는 반환경적이다. 이런 입장이 옳은가? 나무를 통해 알아보자. 그는 〈전남 구례군 화엄사 구층암의 모과나무 기둥과 전북 고창군 선운사 만세루에 쓰인 소나무와 느티나무의 기둥과 들보들은 다듬지 않은 채 원래의 나무 모양을 그대로 살렸다〉(같은 책, 49면)고 말한다. 선조들은 친환경적이고 생태적 지혜를 가졌다고 말하려는 것으로 보인다. 하지만 실제로는 곧은 나무를 구하기 힘들었기 때문이 아니었을까 하는 의심이 든다. 김동진은 대부등에 사용된 목재의 크기가 2세기가 지나는 동안 지름이 0.6척(약 22센티미터)가량 가늘어진 것을 밝히고 있는데, 〈대부등이 각 시기 사용할 수 있는 가장 큰 재목이라고 볼 때, 원시림이라 할지라도 숲의 임목 성장 조건이 열악한 곳의 나무 혹은 충분히 성장하지 못한 나무를 이른 시기에 재목으로 사용한 결과일 것이다〉(김동진, 『조선의 생태환경사』, 푸른역사, 2017, 154면)라고 말한다. 조선에 재목이 부족했다는 것이다.

9 건축은 질서의 한 축이다. 야마구치 마사오는 〈문화는 새로운 질서를 무정형의 자연에 끊임없이 부여하여 성립한다〉(야마구치 마사오, 『문화와 양의성』, 김무곤 옮김, 마음산책, 2014, 115면)고 말하는데 건축이 질서의 한 사례가 될 것이다. 집을 짓는 이유가 비바람을 피하고 잠 잘 수 있는 곳을 마련하기 위함인데 한마디로 안전하고 안락한 공간 확보를 위함이다. 집밖은 위험하다. 안전한 곳을 만들어야 한다. 집밖은 무질서이고 집 안은 질서이다. 따라서 집 나가면 개고생 한다고 한다. 개고생이란 무질서의 세계에 내던져진다는 뜻이다. 아무것도 예약되어 있지 않고 아무런 보장도 없으니 안전이나 안심은 없다. 질서의 공간 구축이 건축의 기본이라면 형식은 그때그때 바뀌는 것이 자연스럽다.

10 고유섭은 〈목재의 결핍과 기후의 한혹(寒酷)한 관계로 토석을 혼용케 되었으니 이것이 얼마큼 조선 독특의 건축 외관을 이루게 되었다〉(고유섭, 『한국건축미술사 초고』, 대원사, 1999, 22면)라고 하면서 본문(같은 책, 23면)처럼 말한다. 궁궐에 온돌이 생긴 것은 당시 권세가였던 김자점의 건의에 의한 것이었다면 이는 정치 권력에 의해 주거 형태가 바뀐 사례이다. 그리고 그전까지는 궁궐이 철저히 중국 형식을 좇았다는 것도 알 수 있다.

7 한국의 자연미

1 『엣센스 영한사전』(민중서림, 2017)에 의하면 spontaneous의 사전적 풀이는 〈1. 자발적인, 자진해서 하는, 임의의voluntary, 2. 자연히 일어나는, 무의식적인, 3. (현상 따위가) 자동적인, 4. (수·과실 따위가) 자생의, 천연의, 5. (문체 따위가) 자연스러운, 유려한〉이다. 또한 *Shorter Oxford English Dictionary*

(Oxford University Press, Lesley Brown editor-in-chief, 2007)에 의하면 〈1.performed or occurring without external cause or stimulus; coming naturally or freely, unpremeditated; voluntary, done of one's own accord; gracefully natural and unconstrained〉 등인데 나는 특히 unpremeditated에 주목한다. 즉 〈미리 계획되지 않은, 고의적이 아닌〉이 〈자연스러운 혹은 무의식적인〉과 연결된다고 여긴다.

2 『한국의 미를 다시 읽는다』(권형필 외 지음, 돌베개, 2005)의 부제는 12인의 미학자들을 통해 본 한국미론 100년인데 대표적 미학자들을 다루고 있다. 최순우는 〈무심스럽고 어리숭한 둥근 맛, 풍아의 멋〉을 조요한은 〈비균제성과 자연순응성〉을 그리고 김원용은 〈미추를 초월한, 미 이전의 세계〉로 정리하고 있다. 이런 흐름은 고유섭의 미론과 별로 다르지 않다. 하지만 김용준은 〈담백하고 청아한 멋, 소규모의 깨끗한 맛〉으로 윤희순은 〈힘의 약동에서 청초미로의 여정〉으로 정리하고 있어 고유섭의 흐름과는 차이가 있어 보인다. 윤희순의 청초는 중국의 번화(繁華: 화려함), 일본의 농연(穠妍: 짙고 고움)과 대비되는 개념이다. 그는 〈이상과 같이 양에 있어서 대륙의 대(大), 도국의 소(小)에 비하여 반도는 중용이라 할 수 있다. 대륙의 양은 양을 위한 양으로서 과대한 수가 많다. 반도의 양은 언제든지 형(形)이나 질(質)을 위한 통일 있는 조화로서의 양이다. 형에 있어서 대륙의 거대·번쇄기괴(煩瑣奇魁: 번잡스럽고 기이하게 큼), 도국의 단조에 비하여 반도는 정제오묘(整齊奧妙)라 하겠다. 색에 있어서는 대륙의 번화, 도국의 농연에 비하여 반도는 청초하다. 선은 어떠한가. 대륙의 중후, 도국의 경조(輕佻: 경솔하고 천박함)함에 비하여 반도는 유려하다. 그러면 반도의 특질은 무엇인가. 양만 내세우거나 색만에 치우치거나 하지 않은 것에 있다. 즉 선·형·질의 유기적인 조화라 하겠다〉(윤희순, 『조선미술사 연구』, 열화당, 2001, 51면)고 말한다.

그는 형태, 색채, 선으로 기준으로 삼아 세 나라를 비교하고 있다. 그런데 이런 기준은 야나기 무네요시의 것이며 야나기는 윌리엄 블레이크에게서 가져왔다. 『야나기 무네요시 평전』은 야나기는 블레이크로 인해 〈다양한 미의 세계〉를 보는 눈을 획득하여 형태, 색, 선에 대한 관심을 갖게 되었다고 밝힌다. 그 결과 자연계에서 볼 수 있는 형태, 선에 대해서도 관찰할 수 있게 되었다는 것이다. 이어서 평전은 거의 같은 무렵 야나기는 또 다른 글에서 〈선이나 형태나 색채에서조차 인간의 행위와 정신을 보고 느낄 수 있다〉라고 썼음을 지적한다. 평전은 〈야나기는 1919년에 이미 조선의 미를 선의 미, 쓸쓸함의 미라고 표현하여, 거기에서 조선의 눈물 넘치는 여러 가지 호소를 읽어 내고, 그것을 강대하고 태연한 중국의 형태Form와 대비시키고 있다〉(나카미 마리, 『야나기 무네요시 평전』, 김순희 옮김, 2005, 147면)고 말한다.

윤희순은 「토함산 해맞이」에서 〈나는 이 해돋이의 감격 속에서 다시 석굴암의 여래상을 보고, 그리고 십일면관음보살을 보면서 자연과 예술과 인생의 혼연융합(渾然融合)의 순일(純一)의 경지에서 소요하였다〉(윤희순, 『조선미술사 연구』, 열화당, 2001, 199면)고 말한다. 그도 자연, 예술, 인생이 하나가 되는 경지에서 노닐고 싶었던 것이다. 그는 〈산을 내려오면서 자연과 인생과 예술과 종교와 — 이런 것을 오직 감격과 흥분 속에서 뒤섞어 생각하여 보았다〉(같은 책, 199면)고 말한다. 한편 김용준은 〈구수하고, 시원스럽고, 어리석고, 아담한 구석이 있는 것이고서야 우리에게 무한한 아름다움을 느끼게 할 수 있는 것이다. 이러한 특색은 어느 나라 미술보다도 조선 민족의 미술에 가장 많이 나타나고 있다〉(김용준, 『조선미술대요』, 열화당, 2001, 22면)고 말한다. 이런 특색들은 고유섭의 것과 멀리 있어 보이지 않는다. 이것은 그가 〈조선조 이전에는 계획적인 구상 아래서 한 개의 미술품이 만들어졌다면, 조선조에 와서는 예술 양식은 거의 형식화되고 아무런 계획도 없이 무심하게 만들어진 것이 그들의 미술이었다. (……) 조선 시대 사기(砂器)의 그 독특한 아름다움은 실로 이 무심한데서 빚어진 미이다〉(같은 책, 176면)라고 말한다. 계획이 없음, 천진, 무심 등은 바로 고유섭을 떠올린다.

3 에카르트는 〈과거 조선 예술가들의 작품들을 보고 있으면 그것들이 평균적인 세련된 심미적 감각을 증명하고 있으며, 절제된 고전적인 아름다움을 가지고 있음을 인정하게 된다. (……) 때때로 과장되거나 왜곡된 것이 많은 중국의 예술 형식이나, 감정에 차 있거나 형식이 꽉 짜여진 일본의 미술과는 달리, 조선이 동아시아에서 가장 아름다운, 더 적극적으로 말한다면 가장 고전적이라고 할 좋은 작품을 만들어 냈다고 단언해도 좋을 것이다〉(안드레 에카르트, 『에카르트의 조선미술사』, 권영필 옮김, 열화당, 2003,

20면)라고 말한다. 한국미를 고전주의로 해석하는 입장을 분명히 하고 있고, 이런 입장을 일관되게 유지하고 있다.

그런데 한국과 대비하고 있는 중국과 일본에 대한 해석이 적절한지에 대해서는 의문의 여지가 있다. 중국의 예술 형식은 때때로 과장되거나 왜곡되었다고 하는데 그렇게 일반화해도 되는지 의문이 든다. 가령 대만 국립고궁박물관에 있는 비취 옥으로 만든 배추 모양의 옥인 「취옥백채翠玉白菜」를 보면 솜씨에 감탄하게 되지 과장이나 왜곡을 느끼기는 힘들다. 회화인 경우는 조선의 것과 매우 흡사해 보이는데 중국의 것만 특별히 그런 것인가. 둔황 석굴 196의 벽화는 매우 자유롭고 천진해 보이기까지 하는데 이것만 예외인 것인가. 도쿄국립박물관의 셋슈 도요의 「가을 풍경」을 보고 감정에 차 있거나 형식에 꽉 짜인 작품이라고 말하기는 어려울 것이다. 이 작품은 오히려 유현의 미를 구현하고 있다. 즉 선불교의 경지를 보여 주고 있다. 서울의 국립중앙박물관에 있는 나가사와 로세쓰의 「열반」은 만화와 같은 분위기로 장난기마저 느끼게 된다. 열반이 아니라 장터의 한 마당처럼 느껴진다.

4 조요한, 『한국미의 조명』, 열화당, 1999

5 「천마도」는 6세기 초의 것으로 추정된다고 하는데 이때는 불교가 전래되었다 해도 대중화되었다고 보기에는 이르다. 따라서 불교의 영향을 고려할 필요는 별로 없어 보인다. 「천마도」에 그려진 것이 말이라고 한다면 샤머니즘에서 말은 〈혼을 인도하는 자이며, 이승에서 저승으

로의 이행을 나타낸다. 말은 또한 공양에
바치는 제물과 연관되며, 시베리아와 알
타이 산맥 지역의 샤머니즘에서 희생 동
물로 사용된다〉(진 쿠퍼, 『그림으로 보는
세계문화상징사전』, 이윤기 옮김, 까치글
방, 1994, 172면)고 한다. 이 그림이 무덤
에서 발견되었으므로 샤머니즘의 상징을
따라도 부자연스러운 것은 없어 보인다.
하지만 그려진 것이 말이 아니라 기린이
라는 주장도 있다. 그러나 신라가 중국 제
도를 받아들이기 시작한 것은 6세기 초로
짐작되기에 천마총에 중국 문화가 영향
을 미쳤을 가능성은 크지 않아 보인다. 물
론 중국의 기린과 「천마도」의 동물은 외
양상 상당히 닮았다. 조요한의 해석에 무
리는 없어 보인다.

6 〈있는 그대로yathabhutam〉에서 고
졸미가 나온다는 주장을 이해하기 어렵
다. 불교의 〈있는 그대로〉는 사실을 객관
적으로 본다는 의미가 아니라 세계를 있
는 그대로 본다면 무상, 고, 무아라는 것
을 알게 될 것이라 말하기 때문이다. 고졸
미가 무상, 고, 무아의 세계인지 의심스럽
다. 〈있는 그대로〉는 여실지견(如實知見:
yathabhutajnanadarsana)에서 〈여실〉에
해당한다. 〈여실지견은 지혜prajna와 밀
접히 연결되어 있다고 추정되지만 한 가
지 중요한 차이가 있다. 즉 여실지견은 첫
번째 참된 통찰이기는 하지만 간헐적이
고 취약한데 반해 지혜는 지속적이고 강
하다. 하지만 있는 그대로 사물을 보는 것
은 그렇게 해서 그로모은 통찰이 평범한
사람을 성스러운 존재로 전환시키는 데
충분할 정도로 강하다.〉(Robert E.
Buswell Jr. and Donald S. Lopez Jr., *The
Princeton Dictionary of Buddhism*,

Princeton University Press, 2014)

7 조요한, 『한국미의 조명』, 열화당,
1999

8 이주형은 〈용어의 적절성과 별개로
《자연주의》(혹은 《자연의 미》)가 의미하
는 바에 대한 문제가 있다. 한국의 정체성
과 관련하여 한국미론에 관심을 가진 탁
석산은 김원용의 자연미에 대해 인공이
끼어들 수 없는 자연의 미가 어떻게 미술
품의 미로 거론될 수 있는가 하는 문제를
거론한다. 또한 자연의 미가 《자연의 아
름다움을 대상으로 작업했다는 뜻인지,
아니면 기법상 자연의 미를 최대한 그대
로 살리려 한다는 뜻인지, 아니면 작품에
임하는 정신세계가 무위자연의 세계를
추구한다는 뜻인지 분명하지 않다〉는 점
을 지적한다〉(권영필 외 지음, 『한국의 미
를 다시 읽는다』, 돌베개, 2005, 255면)고
말한다. 여기에 언급된 나의 글은 『월간
미술』(2000년 8월)에 실린 「한국미의 정
체성」을 가리키는 것인데 지금의 논의를
통해 알 수 있듯이 나는 자연미를 작품에
임하는 무위자연의 세계로 여긴다.

9 야나기 무네요시는 왜 민예품이 미
술품보다 더 아름다운지를 설명한다. 그
는 〈여기서 민예품에 왜 자유의 아름다움
이 많은지 그 이유를 알 수 있다. 자유란
첫째, 나 스스로부터의 자유가 근본이며,
둘째, 《계산》으로부터의 해방이 중요하
다. 실생활과 밀접한 실용품은 이 두 가지
를 자연스럽게 갖추게 되는 계기가 미술
품에 비해 많다. 민예품은 이렇게 필연적
인 성질을 많이 지니고 있으며 인위적이
지 않다. 필연성에 입각한다는 것은 무엇

보다 아직 자타라는 구 개념이 대립하지 않고 《계산》이 없는 상태로 있는 것을 의미한다》(야나기 무네요시, 『야나기 무네요시의 민예·마음·사람』, 김명순 외 옮김, 컬처북스, 2014, 17면)고 말한다. 필연성에 입각한다는 것은 기능만을 염두에 둔다는 뜻으로 보인다. 조선의 막사발이 민예의 대표적 예가 되는 것도 사발을 빚을 때 다른 것은 생각하지 않고 사발의 기능만을 염두에 두고 작업한다면 즉 아름다운 사발을 만들겠다는 생각 없이 작업한다면 더 자연스러운 것이 된다는 것이다.

막사발은 간단한 기능이지만 궁궐이라면 기능을 결코 간단하게 생각할 수는 없을 것이다. 궁궐은 단순히 눈비를 피하는 곳이 아니고 나라의 위엄을 높이고 시대를 재단하는 권위가 있어야 하기 때문이다. 이런 궁궐이 자연스러움에서 멀어지는 것은 당연해 보인다.

그런데 기능과 아름다움은 합치된다는 주장도 있다. 엘머 E. 루이스에 의하면 〈더 깊이 연구할수록 자연의 아름다움조차도 자연선택설이라는 이론에 의해 설명될 수 있다는 사실이 점점 더 널리 받아들여졌다. 예를 들어 식물학자는 야생화의 현란한 색채와 아름다운 모양, 달콤한 향기는 가루받이에 필요한 곤충들을 끌어들이기 위한 방편이라고 설명한다. 이러한 주장은 바퀴의 아름다운 곡선을 기능상의 필요에 의한 것이라고 설명하는 것과 다르지 않다. 미적 호소력은 에너지와 원료를 경제적으로 사용한 데서, 그리고 효율적인 비례로 구성된 각 부분들, 기능적인 목적을 위해 복잡성을 줄인 데서 그 뿌리를 찾을 수 있다》(엘머 E. 루이스, 『테크놀로지의 걸작들』, 김은영 옮김, 생각의나무, 2006, 57면)고 한다. 미적인 요

소는 기능의 최적화에 필요하다는 주장이다. 이렇게 되면 미는 부가적인 요소가 아닌 셈이다. 기능의 최적화가 이루어지면 미적 요소가 생겨난다는 것이기 때문이다. 다시 말해서, 기능의 최적화에 충실하면 미는 얻어진다는 것이다.

그런데 이와 비슷한 주장을 야나기 무네요시도 하고 있다. 그는 민예품의 〈거칠고 간소한 모양의 아름다움〉이나 〈한적한 멋〉을 칭송했지만, 만든 도공들은 그러한 요소에 특별한 흥미를 가지고 만든 것은 아니라고 말한다. 〈검소함이 숭고한 아름다움이라고 생각해서 만든 것은 결코 아니다. 잡기류를 만드는 사람이었기에 필연적으로 그저 거칠고 간단하게 만들게 된 것이다. 그 필연성이 있어야만 비로소 거침이나 간소함이 미와 깊숙이 연결되는 이유가 된다는 것을 깊이 성찰해 봐야 한다》(『야나기 무네요시의 민예·마음·사람』, 22면). 이런 논리라면 사치품을 만드는 사람도 필연성을 가지고 사치품답게 만든다면 미적인 요소를 획득할 수 있을 것이다. 그렇다면 민예품만 아름다움을 갖는 것은 아니다. 각기 다른 아름다움을 가질 뿐이다. 특히 민예품이 미적으로 우월한 이유는 없을 것이다. 그가 민예를 강조한 것은 역시 일본적인 독자성 즉 여기 일본이 있다는 것을 보여 주기 위한 것으로 보인다.

10 고유섭, 「고대 미술 연구에서 우리는 무엇을 얻을 것인가」, 『조선일보』, 1937. 1. 4. 「전집」 8, 184면

11 고유섭, 『조선미술사 상』, 열화당, 2007, 107면

지은이 **탁석산** 철학자. 1956년 서울에서 태어나 서울대학교에서 1년 자연과학을 배운 후, 한국외국어대학교에서 영어, 철학을 공부하여 철학박사 학위를 받았다. 2000년 〈한국의 정체성이란 무엇인가〉를 도발적으로 되물으며 사회에 큰 반향을 불러일으켰으며, 꾸준히 책을 쓰고 강연하면서 가끔 방송에 얼굴을 보이곤 한다. 더퀸AMC 고문으로 있다.

주요 저서로는『한국의 정체성』,『오류를 알면 논리가 보인다』,『철학 읽어 주는 남자』,『탁석산의 한국의 민족주의를 말한다』,『탁석산의 글쓰기』,『대한민국 50대의 힘』,『한국인은 무엇으로 사는가』,『성적은 짧고 직업은 길다』,『준비가 알차면 직업이 즐겁다』,『행복 스트레스』,『달려라 논리』,『탁석산의 한국의 정체성 2』등 다수가 있다.

한국적인 것은 없다 국뽕 시대를 넘어서

발행일 **2021년 4월 15일 초판 1쇄**

지은이 **탁석산**
발행인 **홍예빈 · 홍유진**
발행처 **주식회사 열린책들**

경기도 파주시 문발로 253 파주출판도시
전화 031-955-4000 팩스 031-955-4004
www.openbooks.co.kr